CLITORÁCULO

AF214348

CAROLINE FACY

ILUSTRACIONES DE MARIE FÉLIX

CLITORÁCULO

EDICIONES OBELISCO

Si este libro le ha interesado y desea que le mantengamos informado de nuestras publicaciones, escríbanos indicándonos qué temas son de su interés (Astrología, Autoayuda, Ciencias Ocultas, Artes Marciales, Naturismo, Espiritualidad, Tradición…) y gustosamente le complaceremos.
Puede consultar nuestro catálogo en www.edicionesobelisco.com

Colección Cartomancia y Tarot
Clitoráculo
Caroline Facy, Marie Féix (ilustraciones)

Título original: *Le clitoracle*
1.ª edición: enero de 2025

Traducción: *Susana Cantero*
Corrección: *M.Jesús Rodríguez*
Ilustraciones: *Marie Félix*

© 2024, Éditions First, sello editorial de Édi8, París.
© 2024, Ediciones Obelisco, S. L. (Reservados los derechos para la presente edición)

Edita: Ediciones Obelisco, S. L.
Collita, 23-25. Pol. Ind. Molí de la Bastida
08191 Rubí - Barcelona - España
Tel. 93 309 85 25 - E-mail: info@edicionesobelisco.com

ISBN: 978-84-1172-208-7 - DL B 13245-2024

Printed in China

Reservados todos los derechos. Ninguna parte de esta publicación, incluido el diseño de la cubierta, puede ser reproducida, almacenada, transmitida o utilizada en manera alguna por ningún medio, ya sea electrónico, químico, mecánico, óptico, de grabación o electrográfico, sin el previo consentimiento por escrito del editor. Diríjase a CEDRO (Centro Español de Derechos Reprográficos, www.cedro.org) si necesita fotocopiar o escanear algún fragmento de esta obra.

ÍNDICE

ACERCA DE LA AUTORA Y LA ILUSTRADORA

Caroline Facy

Especialista en cuestiones de género, instructora en *conocimientos de género*, psicoanalista integrativa y sexoterapeuta, ayuda a mujeres y a hombres a comprenderse mejor y a formar equipo desarrollando su sensibilidad íntima. Con el podcast *Coclito*, da la palabra a quienes trabajan por un mejor conocimiento del clítoris y transforman en profundidad nuestros equilibrios femenino-masculino. Imparte cursos de «Vida íntima y sexualidad sagrada», así como talleres de «Salud y poesía sexual» y «Sexualidad, dinero y consentimiento», para permitir a los jóvenes de ambos sexos abrir una era en la que las libertades, en la calle, en la escuela, en el trabajo, en familia y en la intimidad lleguen a ser el reflejo de una educación gozosa y sensual en el consentimiento.

atoutgenre.com
@coclito

Marie Félix

Diseñadora gráfica e ilustradora independiente, su universo es onírico y colorido. Sus composiciones simétricas, sus decorados de flores y plantas exóticas por entre las que evolucionan mujeres y felinos crean atmósferas en las que se fantasea con lo real, dejando rienda suelta a la interpretación. Desde el inicio de su recorrido artístico, sus creaciones apoyan el compromiso feminista.

marie-felix.com
@creuser_meninges

PREFACIO DE ALAIN HÉRIL

La entrada en la era clitoridiana

En 1559, poco antes de morir, el anatomista veneciano Realdo Colombo (1516-1559) describe por primera vez el clítoris. Por desgracia, André Vésale (1514-1564) se impone en la misma época como anatomista de referencia y tilda de fantasiosos los trabajos de Colombo. En ese momento desaparece el clítoris de las láminas anatómicas. Tan sólo se conservará de él el capuchón, parte visible de este sublime iceberg femenino. Habrá que esperar a 1998 y a los trabajos de la uróloga australiana Helen O'Connell para que el clítoris se acepte científicamente como órgano específico con todas sus complejidades. Y he aquí que un estudio reciente demuestra que el clítoris no tiene 8000 terminaciones nerviosas, sino ¡10 280!

Henos aquí, pues, frente al único órgano humano dedicado al placer, como frente a un misterio cuyos arcanos vamos descubriendo poco a poco y al hilo del tiempo. Pero lo que está en juego no compete sólo a la anatomía, se trata también de algo simbólico. Al igual que el pene (y su representante simbólico, el falo) conquistó muy pronto sus credenciales en el corazón mismo de nuestras sociedades patriarcales, ha llegado el momento de concederle al clítoris todo su sitio, toda su medida.

El soberbio oráculo que tienes entre las manos viene a reparar esta carencia, este error, este escándalo. Le devuelve al clítoris su poder de evocación y su pertinencia simbólica y dinámica. A través de temas tan sorprendentes como necesarios, ofrece a cada una y a cada uno un viaje iniciático desde el corazón mismo de la pulsación femenina. Y no es cosa de creer que se trata de un nuevo oráculo destinado únicamente a las mujeres, sino que ¡es asimismo un oráculo para que los hombres busquen (¡y encuentren!) ellos también su dimensión clitoridiana!

Caroline Facy y Marie Félix nos ofrecen la posibilidad de abrir una maravillosa puerta para acceder a la cámara nupcial de los esponsales entre lo femenino y lo masculino, por fin rebasados, por fin reconciliados.

Sé que vas a vivir un viaje sorprendente y suntuoso por el universo que se te propone. Sé también que de él saldrás crecido/a y lleno/a de gozo. ¡Bienvenidos y bienvenidas a esta palpitante era clitoridiana que aquí se nos ofrece!

Alain Héril
Psicoanalista, analista sexual, formador, autor[1]

1. *Désirer autrement*, Ediciones Leduc, 2023; *Oracle Sexualité sacrée*, Ediciones Leduc, 2021; *On ne fait pas l'amour, c'est l'amour qui nous fait*, Le Courrier du Livre, 2021 ; *Femme épanouie*, Ediciones Payot, 2016.

INTRODUCCIÓN

Este oráculo del clítoris tiene la intención de revolucionar y cuestionar nuestra relación con los cuerpos, con las sexualidades y con nuestra intimidad. Mediante un conocimiento más profundo del clítoris, ignorado durante demasiado tiempo, lo que vamos a reconsiderar es nuestro universo entero, tanto interior como exterior: nuestra relación con nosotros mismos, con el otro y con el mundo.

Nadie conoce verdaderamente el clítoris. Muy pocos saben utilizarlo y, no obstante, todos/as lo necesitamos. Lo que él, como órgano, nos enseña sobre nosotros mismos es de una potencia que no tiene más parangón que la energía que han puesto los seres humanos en ignorarlo. Si comprendemos su historia, nos haremos preguntas de manera distinta. Si le escuchamos, nuestros comportamientos se transformarán.

El falo está asentado como elemento constituyente de nuestra construcción en tanto en cuanto sujetos; de nuestro pensamiento; también está en el fundamento de nuestras organizaciones y estructuras psíquicas y sociales, lo cual influye sobre nuestros comportamientos y energías. La recentísima representación completa del clítoris es una revolución anatómico-comportamental. El clítoris plantea una cuestión existencial de equilibrio y de alteridad entre las mujeres y los hombres. ¿Y si fuera él la pasarela que nos permitiera salir de la estructura binaria y de la polaridad de los papeles repartidos entre mujeres y varones?

Ha llegado el momento de abrir la era clitoridiana con el fin de conectarnos con la potencia de este órgano, de descubrir una dimensión del ser, visible, invisible, inasible; de atrevernos por fin a explorarnos, a sexplorarnos. Atrévete a realizar esta revolución física y espiritual para salir de la banalización, de la demonización o de la idealización, sal a la búsqueda de lo sutil. Desde este baricentro, vamos a agitar el núcleo de la Tierra, porque nuestros erotismos son mucho más hermosos y nuestros corazones mucho más amplios de lo que creemos.

Honrar al clítoris pasa por la reapropiación corporal realizada con nuestra brújula de sensibilidad. El *Clitoráculo* propone revisitar, gracias a esta brújula, todas las esferas de nuestra vida desde nuestro espacio íntimo. Este estuche consta de 49 cartas repartidas en 7 temáticas: salud, temporalidades, interacciones, sociedad, pruebas, erótico-sexo y espiritualidad. Cada carta es una invitación a la introspección, al diálogo, a la creatividad, a lo sensible.

Si tienes el Clitoráculo en las manos, si ha venido él a ti o tú a él, no es coincidencia ni casualidad. Tienes una cita para ir al encuentro de aquello que te constituye, te anima y te transforma en lo más hondo de tu intimidad. Este momento es un momento para ti. De modo que puedes crear un espacio de presencia en ti encendiendo una vela, quemando incienso o rodeándote de flores y de cristales. Ritualiza este momento para celebrar el encuentro. Date tiempo a respirar unas cuantas veces para reunir tus piezas aquí y ahora y hacerte la pregunta «¿Cómo me siento en este momento?».

GUÍA DE TIRADA Y LIBRO DE EXPLICACIÓN

En cada tirada, date tiempo a mirar atentamente las ilustraciones de las cartas, sus detalles, sus colores. Déjalas que te busquen, que te embarquen ellas en el viaje.

El libro propone una iluminación para cada carta: un mantra para que te lo repitas en voz alta o en la cabeza con el fin de anclar bien la energía de la carta, el mensaje de la carta; y, finalmente, unas pistas concretas para hacer y decir.

Tirada intuitiva para facilitar el diálogo emocional (en 1, 2 o 3 cartas)

Esta tirada puede realizarse en soledad, en pareja, entre amigos/as, con ocasión de talleres de sensibilización hacia la salud y la poesía sexual o en terapia. Es un momento para que te escuches mejor desde tu inestimable clítoris, para caminar, comprenderte, encontrarte tú contigo solo/a y en la relación con los demás.

Tirada clima clitoridiano (1 carta)

Puedes formular una pregunta que recibirá iluminación por parte de la carta o sacar una carta que te elija a ti. En ambos casos, deja que venga lo que ella te inspire: «¿Qué me indica esta carta sobre mi vida, aquí y ahora?».

Tirada de anclaje (2 cartas)

1. En qué me anclo.

2. Hacia qué tiendo.

Tirada de alquimización (2 cartas)

1. Lo que estoy atravesando.

2. Lo que transformo.

Tirada femenino-masculino (3 cartas)

1. Mi femenino.

2. Mi masculino.

3. El puente que trabajar en la relación mujeres-hombres.

SALUD

Anatomía

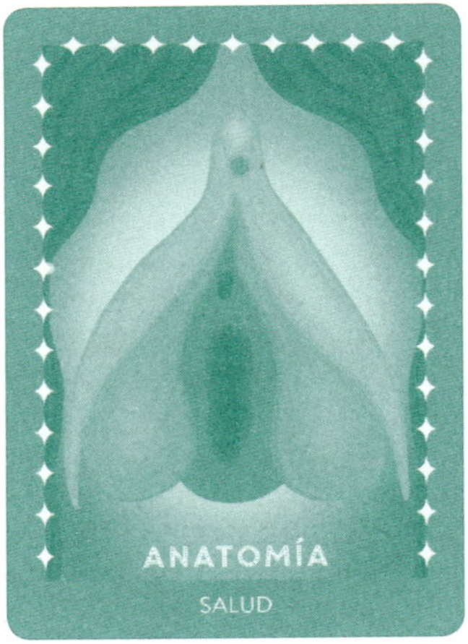

Dibújame un clítoris: ¿qué formas, qué texturas, qué colores, qué tamaño, qué perfume tiene mi clítoris?

Lo que revela la carta

Conocido como el epicentro del placer femenino en la época de Hipócrates (-400 a. de C.), quien por otro lado recomendaba encarecidamente la masturbación y el orgasmo para la salud y la reproducción, el clítoris desaparece, no obstante, de nuestras representaciones. La Inquisición podía justificar el genocidio de las brujas designando como prueba el tamaño estimado demasiado grande de su clítoris, que en ese caso se percibía como un dardo demoníaco capaz de inyectar veneno en el sexo del hombre. Hay que esperar al siglo XVI para tener una primera representación gráfica realizada por el anatomista italiano Matteo Colombo. Dado que el clítoris no desempeñaba ningún papel directo en la anticoncepción o en la procreación, desaparece de nuevo en el siglo XIX. En 1998, Helen O'Connell, uróloga australiana, lo dibuja por fin completamente; más tarde, en 2016, Odile Fillod, investigadora francesa, lo imprime en 3D.

La mujer tiene, en efecto, algo entre las piernas; algo que tiene su especificidad, ni inferior ni superior a la del hombre. Y todos /as traemos el mismo cableado en el inicio absoluto de nuestra concepción: clítoris y pene tienen el mismo origen embrionario. Hasta ocho semanas después de la fecundación, todos los embriones poseen un tubérculo genital que se parece a una seta. Después se desarrollará como pene o como clítoris según las hormonas presentes. En todo caso, seguirá estando compuesto por los mismos tejidos eréctiles: cuerpos esponjosos y también cuerpos cavernosos, situados respectivamente, en lo que respecta al clítoris, en los bulbos y en los pilares.

El clítoris posee de ocho mil a diez mil terminaciones nerviosas, el pene cuenta con cuatro mil. El clítoris mide, en reposo, entre nueve y once centímetros. Visible desde el exterior, su glande está parcialmente recubierto por un capuchón, y está unido a los labios menores por un repliegue cutáneo: el frenillo. El tallo prolonga el glande y se adentra hacia las profundidades del cuerpo. En el interior: sus dos ramas, que siguen la cara interna de los huesos de la pelvis; los cuerpos cavernosos de estas que se hinchan de sangre bajo el efecto de la excitación, y sus dos bulbos, constituidos por cuerpos esponjosos, eréctiles también, que bajan por ambos lados de la uretra y luego se rematan a ambos lados de la vagina para irradiar toda una zona erógena que cubre la uretra, la vagina y el ano (¡por lo menos!).

Es único, y hay tantos clítoris diferentes como mujeres. La escasa literatura científica sobre la anatomía del clítoris plantea no solamente la pregunta de la salud de las mujeres, sino también del lugar que ocupa el placer femenino en nuestras sociedades.

Esta carta te invita a abrir el telón y mirar al artista, a visualizar todos sus contornos, protuberancias y colores, a observar cómo funciona anatómicamente tu clítoris, a repensar el conjunto de tu cuerpo gracias a una imagen más completa, más cercana a lo real, y a escuchar sus delicados mensajes.

Hacer

Tomo un espejo y miro con atención mi vulva, mi sexo, mi cavidad. También puedo tomarlo en foto. Escruto todos sus contornos, sus colores; observo cómo reacciona. Puedo ayudarme con los dedos, tirar ligeramente del capuchón hacia arriba y acceder al glande, ahí donde las terminaciones nerviosas son las más numerosas del cuerpo humano. Lo visualizo también en el interior. La manera en la que palpita, se engrosa, estalla, se asienta. ¿Qué imagino de él en mi interior? ¿Y qué encuentro en él que sea terriblemente hermoso y conmovedor?

Decir

Honro a mi inestimable vehículo, nombro en voz alta mi clítoris. ¿Qué me cuenta él y qué me apetece confiarle yo?

Salud sexual

Mi salud sexual es esencial para mi vitalidad y para mis relaciones con los demás, me permite encontrar un equilibrio entre lo mental, lo corporal y lo emocional, entre lo visible y lo invisible.

Lo que revela la carta

El sexo es instintivo e innato, porque es reproductor. ¡Y no se limita a eso! La sexualidad y el bienestar íntimo son el reflejo de la salud en general. Una buena salud sexual pasa por un buen equilibrio en materia de alimentación, de actividad física y de gestión del estrés, y por la calidad de las relaciones.

Vivir una sexualidad armoniosa es fuente de realización y contribuye al bienestar de los individuos. Es nuestra área de vitalidad, el lugar en el que rebosamos de energía que intentamos comunicar al mundo exterior. La vitalidad es una energía que permite un equilibrio entre el cuerpo y la mente. A la vez energía desbordante y medio de encontrar la paz interior, nos invita a comprendernos y construirnos.

La noción de «salud sexual y reproductiva» entró en el Código de la salud pública en 2016, y se cuentan 2,5 miles de millones de orgasmos cada año en todo el mundo. El hecho de conocernos mejor contribuirá al bienestar y a la serenidad colectiva. En temas de salud sexual, los poderes públicos se van movilizando poco a poco: educación, acompañamiento y consideración de la salud sexual en el centro de la salud íntima y pública.

Y ahora que sabemos que es la estimulación interna y externa del clítoris lo que provoca los orgasmos en la mujer, parece esencial reencontrarnos en torno a este órgano físico y simbólico, para comprendernos mejor. Son considerables las implicaciones que tiene emprender este viaje.

La salud sexual es reconocida como un derecho fundamental por la Organización mundial de la Salud (OMS), que la define como «un estado de bienestar físico, emocional, mental y social asociado a la sexualidad». No consiste únicamente en la ausencia de enfermedad, de disfunción o de discapacidad. La salud sexual necesita un acercamiento positivo y respetuoso a la sexualidad y a las relaciones sexuales, y la posibilidad de tener experiencias sexuales que aporten placer estando las personas en situación de seguridad total y sin coerciones, discriminación o violencia.

Con el fin de alcanzar y de mantener la salud sexual, deben respetarse, protegerse y garantizarse los derechos sexuales de todas las personas. La sexualidad es un aspecto central de la vida y comprende el sexo biológico, la identidad y los roles sexuales, la orientación sexual, el erotismo, el placer, la intimidad y la reproducción.

La sexualidad se vive en forma de pensamientos, fantasmas, deseos, creencias, actitudes, valores, comportamientos, prácticas, roles y relaciones. No obstante, no siempre se viven o se expresan simultáneamente todas estas dimensiones. La sexualidad recibe influencia de factores biológicos, psicológicos, sociales, económicos, políticos, culturales, éticos, jurídicos, históricos, religiosos y espirituales.

Haciendo eco a la noción de derechos sexuales, la OMS sitúa a partir de ese momento la salud sexual en el campo político, afirmando que «necesita un enfoque positivo y respetuoso de la sexualidad y de las relaciones sexuales, así como de la posibilidad de tener experiencias sexuales que aporten placer sintiéndose uno en total seguridad y sin coerciones, discriminación ni violencia. Con el fin de alcanzar y de mantener la salud sexual, deben respetarse, protegerse y garantizarse los derechos sexuales de todas las personas».

Estos objetivos son determinantes para el futuro. Es inmenso el programa planteado para operar un cambio de paradigma respecto al lugar que ocupa la sexualidad en nuestras vidas y a la imagen que damos de ella. Se trata de aprender a aunar nuestras partes primitivas animales y nuestra educación; lo que bulle en lo más hondo de nosotros y nuestra organización social, la cual asienta un marco necesario para evolucionar colectivamente.

La salud sexual considera, así, al individuo en su conjunto y sus interacciones. Cómo nuestras hormonas se organizan entre ellas, cómo entran en interrelación con nuestro sistema nervioso e inconsciente (que gestiona el cerebro, el vientre, la respiración, los latidos del corazón): cómo acude este sistema a ayudar. La asociación de unos con otros permite construir nuestra historia y la manera de coordinarlos.

Esta carta te propone que equilibres tus necesidades primarias, tu alimentación, tu sueño, tus recursos, tus placeres y tu realización, con el fin de mejorar tu salud sexual, terruño de tu vitalidad. ¡Una sexualidad expandida es buenísima para el cutis!

Hacer

Modifico mi rutina, por lo menos una cosa; hago una pausa, observo mis pensamientos, regreso al instante presente, a mis sensaciones, y respiro en el interior de ellas.

Decir

¿Cómo voy a hacer que vaya más despacio el hámster dentro de la jaula? ¿Cuál es mi intensidad vital? ¿En qué lugares de mi cuerpo la siento mejor? ¿Qué camino procuran mostrarme mis células para pulsar la vida?

Ginecología

Yo soy el centro, estoy la primera en mi equipo de personal sanitario. Espero que se me escuche, espero que se me tranquilice, espero que se me explique, espero que se me alivie, que se me sosiegue o se me consuele, a veces que se me den cuidados médicos.

Lo que revela la carta

Se recomienda un seguimiento ginecológico para acompañar a las mujeres, desde que baja la regla hasta la menopausia; anticoncepción, detección de las ETS (enfermedades de transmisión sexual) mediante muestras de sangre y frotis vaginales, seguimiento o tratamiento si fuera necesario, prevención del cáncer de mama o del cuello del útero, seguimiento de embarazo y parto, dolores en los ciclos, endometriosis, adenomiosis, sequedad vaginal, trastornos urinarios, IVE (interrupción voluntaria del embarazo) e IME (interrupción médica del embarazo). Muchas son las manifestaciones del cuerpo que se presentan a lo largo de la vida y nos impulsan a consultar. Hace falta una dosis tremenda de confianza en una misma para hacer como que te parece perfectamente normal lo de «Vamos a echar un vistazo a todo eso, ¡desnúdese!» y encontrarse con las piernas en alto, en posturas que no son realmente cómodas, para que te introduzcan espéculo, hisopo y sonda de ecografía intrapélvica. Algo queda en nosotras del orden de la sumisión a esa autoridad «de blanco» cuando dejamos que nos hagan todo eso sin expresar lo que sentimos ni lo que necesitamos para sentirnos respetadas y seguras. No obstante, como paciente, nosotras somos nuestro primer médico. Si escuchamos a nuestro cuerpo, tenemos la información.

Así pues, esperamos también de nuestro/a ginecólogo/a que cree un espacio de confianza para invitarnos a hablar de nuestra vida íntima y de nuestro confort sexual. Todavía se denuncian violencias ginecológicas y obstétricas que nos devuelven a los actos y a los comportamientos que no respetan la integridad física y psíquica de las mujeres. Ambas partes tenemos que hacer ese camino para lograr que evolucionen las posturas. El examen clínico no es sistemáticamente obligatorio en ausencia de síntomas o en el contexto de una prescripción de anticonceptivos para una menor, por ejemplo. Además, las posturas, durante los exámenes o el parto, si bien facilitan el trabajo del personal sanitario, pueden ser dolorosas. ¡Mientras que, antes que nada, deberían ser cómodas para las pacientes!

Ya habíamos pisado la Luna cuando llegó la primera representación anatómica detallada del clítoris, hecha por Helen O'Connell en 1998, y en la facultad de medicina sólo se enseña desde hace unos años. Qué locura, ¿no?

Nuestros ginecólogos, comadronas, especialistas en mayéutica, doulas y terapeutas holísticos (sofrólogos, hipnoterapeutas, naturópatas, terapeutas energéticos/as, etc.) tienen un papel junto a nosotros, pero no representan el alfa y el omega de nuestra salud ni de nuestro bienestar. Esta carta recuerda la importancia de elegir a nuestro propio equipo de cuidadores/as, de igual a igual.

Hacer

Elijo mi equipo de cuidadores/as y creo mi agenda de seguimiento de mi salud íntima. Soy la primera en la cordada de mis cuidados y de mi bienestar hechos con delicadeza. Me escucho, estoy en confianza.

Decir

¿Cómo he cuidado últimamente de mi intimidad? ¿Y cómo la voy a cuidar?

Reglas

Ya no pierdo más tiempo dudando de las percepciones de mi cuerpo para responder a un sistema que procura imponerme su ley sin tener en consideración mis reglas.

Lo que revela la carta

La mitad de la humanidad tiene la regla durante la mitad de su vida. No obstante, ésta sigue siendo un tabú, como una experiencia prohibida, un pretexto para apartar a las mujeres de las zonas de poder. El hecho de interiorizar una visión degradada de la regla de las mujeres permite mantenerlas bajo control y en la ambivalencia: la aparición de la regla se presenta a la vez como una etapa iniciática crucial («¡Ya eres una mujer ahora que vas a poder ser madre!») y como algo vergonzoso, sucio, incluso descalificador («¿Qué te pasa, estás con la regla?»). Cuanto más se cultiva este tabú, esta mirada negativa sobre nuestra regla, menos se acoge a nuestros cuerpos tal como ellos viven.

Las menstruaciones marcan el origen de nuestras sociedades. Marcan el poder de la maternidad, de la procreación. *Menstruación* significa «rito de la Luna». Las mujeres están corporalmente en contacto con el ciclo de las estrellas y de lo vivo. Esta experiencia es más rica que el hecho de reducirlas a esas «cosas de mujeres». Honrar a nuestra regla es invitar al simbolismo del ciclo de la vida, al tiempo que recuperamos nuestra legitimidad para oír, escuchar y vivir en nuestros cuerpos tal como son. Considerar la condición cíclica de las mujeres permite comprender mejor ciertas diferencias cruciales de relación con el tiempo y con la impermanencia. Autorizarnos a dar validez a la experiencia de nuestra regla es poder contar lo que vivimos cada una en nuestra regla y aceptar la riqueza de nuestras diversidades.

Y, detalle mayúsculo: no hay razón alguna para impedirnos tener relaciones sexuales durante la regla, si nos apetece.

Esta carta te invita a hablar de tu regla, a estar atenta al flujo instintivo de tus emociones y a depositar en la tierra la sangre recogida en tu braga o copa menstrual, con plena conciencia de tu vínculo con lo vivo.

Hacer

Honro mi ciclo, pongo mis reglas, mi ritmo, mi funcionamiento, mis límites, mis necesidades, mi múltiple fluidez. Elijo con precisión un ámbito, un tema o una situación para asentar mi marco.

Decir

¿Qué he sentido en mi cuerpo, con precisión, durante mi última regla? ¿En qué me hace pensar eso? Y ¿qué me enseña de mí misma?

Perineo

Instalado/a en mi guarida innata, estoy sentado/a en el infinito, anclado/a en mi eje, a la entrada del templo de mi corazón.

Lo que revela la carta

El perineo representa el chakra raíz, el de la casa, el de la solidez. Es ese espacio esencial para nuestra seguridad. El perineo es nuestro umbral, el lugar del que parte toda fuerza vital, el origen del mundo. Es el suelo de la casa, la edificación, el cimiento, es también la fuente, allí de donde parte la energía. Los chinos lo llaman «el músculo de los antepasados»: el perineo engrama de dónde venimos, nuestra historia.

La pelvis es la sede de la sexualidad, de nuestras emociones y de nuestra vitalidad. Por el interior, el perineo es como una hamaca. Se extiende desde el pubis al cóccix y sostiene todos los órganos situados en la pelvis menor, a saber los que componen el aparato genital y el ano. Estamos sentados sobre el infinito. Nuestro perineo alberga las memorias de nuestros linajes de mujeres, de nuestros partos y de cada una de nuestras relaciones íntimas.

Si bien podemos felicitarnos porque se tome en consideración hacer sesiones de reeducación del perineo después del parto, tiempo intenso para sensibilizar con respecto a la necesidad de reforzar y flexibilizar esa hamaca que sostiene nuestro suelo pélvico, no podemos sino fomentar las prácticas suaves para muscularlo en profundidad, como el Pilates o el yoga.

Una buena tonicidad del perineo permite un mayor confort urinario y una mayor sensibilidad sexual, tanto para las mujeres como para los hombres. Es un espacio que hay que reconocer y entrenar regularmente. Nos enderezamos desde el perineo.

Esta carta te devuelve a la Tierra-madre, ahí en donde nació, incluso, tu padre. Es un referente innato, un anclaje que se te da.

Hacer

Mediante micromovimientos de la pelvis conjuntos con ejercicios de respiración, un trabajo preciso implica a los músculos profundos de toda la zona perineal.

Me tiendo en el suelo, con el sacro y la columna vertebral bien asentados, las piernas plegadas. Al inspirar, contraigo el perineo y basculo la pelvis hacia delante; al espirar, distiendo el perineo y relajo la pelvis hacia atrás. Entre la inspiración y la espiración, me doy tiempo a hacer una pausa en mi centro. Continúo haciendo un movimiento ínfimo de 8 con la pelvis, marcando siempre una pausa en mi centro. Respiro llevando el aire a mi hamaca. Al inspirar, insisto en las contracciones de mi perineo; al espirar, relajo y saboreo las vibraciones a lo largo de todo mi clítoris. Mi sacro se asienta en el suelo, mi cóccix se arraiga. Visualizo mi clítoris interior y exterior. Dejo actuar a mi cuerpo, dejo que suban las sensaciones. Pueden venirme imágenes. Éstas me dan información sobre mí y sobre lo que me rodea. Respirando con él, abro mi templo y subo hasta la fuente de mi energía de vida. Recuerda situarte en tu perineo, en tu seguridad interior, cada vez que tengas un repunte de inquietud o de angustia. Colócate en la posición del bebé, con el sacro bien anclado en el suelo y las piernas levantadas, plegadas, y haz unas diez respiraciones.

Decir

¿Por qué es esencial el perineo para mi bienestar (tanto hombre como mujer)? ¿Qué oigo de ti cuando te escucho desde mi perineo?

Anticoncepción

Tengo el derecho y la libertad de disponer de mi cuerpo. Soy dueña y señora en mi «recinto». Soy responsable de él. Me informo, elijo el formato y el momento adecuados para mí.

Lo que revela la carta

Con la Ley Neuwirth, de 1967, que autoriza la anticoncepción, y la Ley Veil sobre el aborto voluntario, las mujeres disponen, desde hace cincuenta años y tras una encarnizada lucha en Francia, del derecho a elegir si quieren parir o no.

Avances capitales y todavía muy frágiles, el Senado francés adopta en 2023 la inscripción del derecho al aborto en la Constitución, en igualdad de condiciones con la prohibición de la pena de muerte. ¡Ya era hora! Una encuesta realizada a finales de 1990 pedía a los franceses que citaran la mayor conquista del siglo XX: para los hombres, se trataba de la conquista espacial; para las mujeres, de la anticoncepción. La verdadera liberación pasa por el dominio de la maternidad (no ya por su rechazo).

La píldora, el DIU y el preservativo siguen siendo los métodos anticonceptivos que más se proponen, y en la mayoría de los casos descansan en los hombros de las mujeres. Existen alternativas, como el Andro-switch (un anillo de silicona que mantiene sujetos los testículos a la entrada del canal inguinal), el método térmico, el diafragma, los espermicidas (esponjas, geles, cremas) e incluso la danza anticonceptiva. ¡La «marcha atrás», la observación del ciclo y la lactancia no pueden presentarse como medios de anticoncepción, porque no son «seguros» al 100 %!

Con más perspectiva sobre las consecuencias que tienen los anticonceptivos hormonales en la salud de las mujeres (pérdida de la libido, «desposesión» de una parte de sí, alteración de la personalidad, riesgos más elevados de sufrir cáncer de mama, cuello del útero e hígado, de enfermedades de corazón y de accidentes cardiovasculares, etc.), deben considerarse seriamente las alternativas menos agresivas hacia nuestros cuerpos y nuestros humores.

Otra posibilidad, cuando no se desea tener hijos o más hijos: la esterilización. La vasectomía es una intervención menor que dura diez minutos, puede realizarla un médico generalista y consiste en bloquear los canales deferentes que transportan los espermatozoides. Ampliamente practicada en América del Norte, nuestros varones franceses todavía no la perciben muy bien. Y por desgracia seguimos promoviendo más la esterilización femenina, que supone la ligadura de las trompas de Falopio y que es una intervención mucho más seria, con riesgos operatorios más elevados.

A una mujer no forzosamente le apetecerá delegar esa responsabilidad en su compañero masculino, porque será su cuerpo el que se verá comprometido en caso de riesgo de embarazo no deseado. El hecho de apoyar ese derecho a tener la opción de ser responsable en primera línea no excluye el funcionamiento en equipo con el fin de equilibrar la carga mental (miedo a olvidarse de tomar la píldora, por ejemplo) y económica (no hay razón alguna para que corra ella sola con los gastos de una anticoncepción que beneficia a ambos protagonistas), y abordar juntos los diferentes métodos posibles y su impacto en la salud.

Hacer

Evalúo las diferentes posibilidades de anticoncepción, reflexiono sobre la o las que me gustaría probar y lo hablo con mi pareja, varón o mujer.

Decir

¿Por qué es importante para las mujeres y para los hombres que la IVE sea de aquí en adelante una libertad fundamental tallada en el mármol de la Constitución? ¿Cómo me siento con el tema de la anticoncepción? ¿Es «adecuado» para mi cuerpo?

Orgasmo terapéutico

En la subida deseante hasta ese pequeño trance del orgasmo, me relajo, se atenúan mis sufrimientos y me sano yo misma.

Lo que revela la carta

A finales del siglo XIX, el orgasmo femenino se presenta como un recurso terapéutico frente a la histeria. A las mujeres, con sus deseos encorsetados en los prejuicios del bien pensar, se las diagnostica como histéricas a diestro y siniestro. Y, milagro, ¡los síntomas de la histeria desaparecen cuando ellas encuentran el camino hacia su placer! ¡Hay que comprenderlas, no llegar a gozar puede volverte loca!

El goce provoca una catarata hormonal de endorfinas, las moléculas del placer. El orgasmo es el resultado de una alquimia neurofuncional que enciende el circuito de la recompensa. Se activa el cerebro en esa zona de la recompensa mediante la producción de la dopamina, hormona de la motivación. Este cóctel orgásmico, compuesto igualmente de oxitocina y de vasopresina, que actúan sobre el estrés y aumentan la atracción, irradia por todas las células. Las endorfinas, moléculas del placer, son analgésicos naturales, y están ligadas en el cerebro a los receptores opiáceos, que tienen efectos analgésicos. Las emociones liberadas durante la subida de la excitación hacia la efusión orgásmica llaman a otros pensamientos, abren espacios imaginarios y sensoriales que alejan el dolor.

Gozar alivia los síntomas de numerosas patologías, y es un excelente remedio contra el insomnio, la depresión y la migraña. Parece que también podría facilitar el proceso del parto y la preparación para una intervención quirúrgica.

¿Están dispuestos la sociedad, el colectivo médico y los laboratorios farmacéuticos a preconizar la masturbación, las caricias sensuales y la práctica orgásmica para sosegar nuestras angustias y dolores? ¿Cómo hacerlo, cómo proponerlo, cómo hablar de ello? Ahí está la cuestión.

La asistencia sexual consiste en ayudar a personas discapacitadas a aliviar su deseo, a liberarse de una muerte afectiva gracias al hecho de seguir teniendo una vida sensual, erótica y sexual. Aunque está autorizada en los Países Bajos, Alemania, Dinamarca, Suiza e Israel, Francia se niega de momento a dar un marco legal a esta práctica, que se asimila con prostitución.

Esta carta te invita a considerar tu sexualidad como un pilar de tu salud global, y tu goce como un bálsamo que apacigua los dolores. Y la próxima vez que estés doliente, ¡goza!

Véase también la carta **Salud sexual**.

Hacer

¿Dónde se sitúan las tensiones, incluso los dolores, en mi cuerpo? Evalúo su intensidad de 0 a 10. Me regalo un tiempo de placer, quizá de orgasmo, y observo.

Decir

¿Cuál es el recuerdo más señalado en el que gozar me ha permitido eliminar el dolor?

TEMPORALIDADES

Mil primeros días

En las primicias de nuestra creación embrionaria, un sexo original indiferenciado. La orfebrería de la fábrica humana se obra en la materia y según la manera en la que ésta es invadida por el entorno. Ahí donde empieza todo, «la vida fluye sin tropiezo».

Lo que revela la carta

Hasta las seis primeras semanas de vida *in utero*, ambos sexos se desarrollan de manera indiferenciada. En efecto, los órganos sexuales (llamados «gónadas») se muestran idénticos entre la cuarta y la quinta semana, y después se diferencian: el embrión macho produce testosterona, lo cual conlleva el desarrollo del pene y de los testículos; el embrión hembra no la produce, y entonces se forman el clítoris, las trompas y el útero. Las células humanas están constituidas por veintitrés pares de cromosomas, nuestro sexo lo determina uno solo de esos pares.

Los mil primeros días del niño/a, que van desde el embarazo hasta sus 2 años cumplidos, son reconocidos como un período determinante para su capital de salud y bienestar. El cerebro y el cuerpo se desarrollan a gran velocidad. La epigenética, nuevo ámbito de investigación científica, demuestra que nuestros comportamientos modifican nuestros genes. En esto intervienen lo innato y lo adquirido. El joven cerebro es particularmente sensible a los cambios epigenéticos. El modo de vida de los padres (alimentación, actividad física, relación con el estrés, calidad de su vínculo juntos y de sus relaciones), las variaciones nutricionales, el sueño, la manera de estar en seguridad, el cuidado y el afecto dejan improntas hasta en las células del/la pequeñín/a. Es particularmente importante la influencia del entorno en este período original de creación de la vida.

Durante estos mil primeros días, madre e hijo/a, después padres e hijo/a, viven una aventura eminentemente física, emocional y carnal. La manera en que ésta es vivida, el contexto y los acontecimientos decisivos impregnan la memoria molecular del niño/a. Evidentemente, el estado de la madre influye de primera mano en el desarrollo del niño/a, que es sensible a los sonidos (voz, música) y al tacto ya desde su vida intrauterina.

Período de revolución, de ambivalencia, de desbarajuste emocional y hormonal, pero también de organización, la madre experimenta, después del parto, momentos de gran cansancio y de malestar, que pueden desembocar en una depresión posparto. Será importante poder decir esto y acogerlo para acompañar a la madre y al hijo/a en este período de sensibilidad extrema. Cuando la madre queda colmada positivamente por la llegada de su bebé, todas las atenciones maternas y sus fuentes de satisfacción están dirigidas hacia su criatura, como prolongación de la fusión *in utero*. Donald Woods Winnicott, pediatra y psicoanalista británico, habla de «preocupación, incluso de locura maternal primaria». La madre desarrolla una capacidad regresiva de identificarse con su bebé y de experimentar las necesidades psíquicas y físicas de éste/a: se adapta con delicadeza y sensibilidad a las señales que capta de él. La salida de la dependencia absoluta entre la madre y el niño/a se realiza mediante etapas progresivas de separación, mediante la re-sexualización de la madre hacia otros objetos aparte de su bebé (compañero, trabajo, amigos, etc.).

Para el niño, la génesis de su sensorialidad, su relación con la confianza y con el placer dan comienzo desde el inicio absoluto de su vida: lactancia, piel con piel, mimos, manera de que le pongan el pañal, lo/la laven, lo/la miren, entonación de la voz, canto. La estimulación y el despertar serán elementos fundadores para el desarrollo cognitivo y sensible del bebé.

Véanse igualmente las cartas **Embarazo** e **Individuación**.

Hacer
Pido a mis padres que me cuenten la historia de mi concepción y de mi nacimiento. Cuento a mi/s hijo/s los primeros tiempos de su llegada. En ambos casos, les confío lo que me produce compartir esto con ellos.

Decir
¿Cómo me habría llamado si hubiera sido niño/niña? ¿Qué cosas marcaron mi primera infancia? ¿Cómo me apetece mimar los mil primeros días?

Adolescencia

**Me siento mayor, me estorbo, me afirmo.
Todas estas agitaciones que hay en mí me anegan.
Mido los límites, busco los míos. Necesito que me contenga alguien durante esta transmutación del niño al adulto.**

Lo que revela la carta

La pubertad marca la evolución hacia un cuerpo y una sexualidad de adulto. Las hormonas lo trastocan todo a su paso y el/la adolescente va creciendo de manera anárquica: así, el estirón de crecimiento puede iniciarse en los pies y la nariz, y después puede manifestarse la extensión aleatoriamente en la horizontal o en la vertical; también puede reaccionar la piel a estos cambios fundamentales con la aparición del acné.

La «crisis adolescente» muchas veces la recuerdan los adultos como un tránsito ingrato, penoso de acompañar, con su oleada de incomprensiones y de agresividad que hay que soportar. Aquella criaturita tan linda ahora va marcando una por una todas las casillas del tirano. Observar el estado de su habitación como reflejo de su estado interno nos permitirá sostenerle/la mejor en esta travesía decisiva. Este período de grandes cambios del cuerpo y de las emociones les exige a nuestros jóvenes una valentía enorme para continuar creciendo mientras pelean, a pico y pala, con la desproporción de sus sensaciones y sentimientos.

Este período de turbulencias es, sobre todo, el tiempo de las primeras veces, un despertar de los sentidos a la vez excitante e inquietante. El florecimiento del cuerpo y del deseo da alas de libertad, junto con ganas de medir los límites: el/la adolescente busca afirmar su identidad, al mismo tiempo que se siente incomprendido/a. Seguramente por eso, entre los 13 y los 20 años, preferimos reagruparnos en rebaños de adolescentes, nuestra familia elegida.

La primera vez es qué, es cuándo y con quién. La primera emoción, el primer beso con la punta de los labios, el primer roce con los dedos, el primer pie que viene a buscar a otro pie, ahí, debajo de la mesa, la primera mirada, la primera cena los dos solos, la primera caricia todo a lo largo del brazo, el primer beso con lengua, el primer te quiero, la primera penetración con los dedos, el primer encuentro entre dos sexos, el primer descubrimiento del olor del otro, de su sabor, el primer orgasmo en los ojos de la pareja, el primer goce, el primer sueño compartido en los brazos del otro, las primeras vacaciones, la primera pelea, la primera decepción, el primer mal de amores, el primer rebote.

Esta carta te invita a revisitar tus primeras veces y a recuperar una bocanada de efervescencias adolescentes.

Hacer

Esta semana, invito a mi pareja a bailar una pieza lenta y le pido que me acaricie lentamente el brazo mientras bailamos. Y luego, esta semana voy a hacer el amor como yo quiera, como me apetezca totalmente por primera vez.

Decir

¿Qué primera vez me deja el recuerdo más lindo?

Menopausia

Saboreo el efecto «madre de mi linaje»: abrazo mi papel de Anciana. Transmito a las generaciones venideras mis experiencias, mis dudas, mis fracasos, mis logros, mis recetas con el placer. ¡Gozo tal como soy!

Lo que revela la carta

El envejecimiento no parece hacer buenas migas con la feminidad y la sexualidad de la mujer, y, no obstante, la menopausia puede vivirse como una apertura a un nuevo ciclo de realización, liberación, nueva juventud, estabilización de la energía. Ese tránsito del «nunca más» puede vivirse de un modo diferente a la imagen encorsetada de la menopausia que vehicula la sociedad como cuesta abajo de nuestra «feminitud».

Estamos hartas de que el mundo laboral nos designe como séniores a partir de los 45, y de que, una vez pasada la menopausia, ya sólo sirvamos para pasar a la sección «abuelas». En cambio, podemos elegir tenerles cariño a nuestro cuerpo y a nuestras apetencias, y abrir otros canales de transmisión. Conectada con su ser, ella se aleja del papel de «hacer» en la mirada del otro y de la sociedad, y se empodera.

A pesar de tener una vivencia fisiológica caótica, con la pérdida de la fecundidad, y una caída de los estrógenos que acarrea un desequilibrio emocional y la deshidratación de los tejidos, la mujer que está en lucha con los avatares del tiempo inicia un proceso de ralentización y de aceptación, una pausa sensible que la menopausia le ofrece para cuidar de su cuerpo y de su placer.

De acuerdo, la variable sintomatología de la menopausia no siempre es un sueño (sofocos de calor, cambios bruscos de humor, sequedad vaginal), pero también es la liberación de la regla y de sus ciclos de humor. La menopausia abre una etapa para estar lo más cerca posible de nuestros sentires emocionales, nuestras necesidades y apetencias. Un nuevo impulso de vida.

Al haber adquirido experiencia, la mujer que ha pasado la menopausia se permite vivir lo que le sienta bien. Ya no tiene nada que demostrar. Paladea la vida en el instante presente, con gratitud, y ama todo lo posible que se le ofrece con más ligereza. En su sexualidad, se abandona a la satisfacción de su placer. «¡Gozo tal como soy!».

Hacer

Me trato con cuidado maternal, cuido de mi cuerpo, estoy a la escucha de mis necesidades, vivo mis apetencias en el instante presente. Abro un cuaderno de placeres: en él consigno los momentos que me sientan bien, que me hacen saborear la vida con alegría y ligereza. ¡Cada semana, atiendo a tres deseos!

Decir

Miro mi cuerpo en el espejo, lo contemplo, le doy las gracias. ¿Qué es lo que me gusta particularmente de mi cuerpo?

Embarazo

Llevo y fabrico el mundo en mi guarida. Un período de excepción en el que somos dos permanentemente. Infinitamente pequeña e inmensa a la vez, revisito la vida desde ese corazoncito que late en mí. Mi cuerpo se expande, se sexpande.

Lo que revela la carta

Lejos de ser un río largo y tranquilo, el embarazo sigue siendo considerado por la sociedad como algo esencial para la realización de «la mujer». Incluso cuando es deseado, el embarazo es un maratón ambivalente: el exterior se extasía ante la belleza de la madre en devenir y ante ese vientre que se redondea, que incluso a veces nos permitimos tocar sin preguntar, desposeyendo a la mujer encinta de una parte de sí misma. ¡Como si nuestros vientres al acoger la vida formaran parte del espacio público!

En el interior, la cosa es totalmente diferente. Lo primero, lanzarse a la posibilidad de quedar embarazada. Vivir por quincenas de días: aquella en la que todo es posible y aquella en la que hay que esperar a la quincena siguiente para que vuelva a ser posible. Temer a la regla, acechar los trazos de la prueba de embarazo, esperar los resultados del análisis de sangre.

Después, los tres primeros meses que hay que pasar en silencio para rebasar el riesgo de aborto espontáneo, cuando todo dentro de una está trastocado por el descalabro hormonal y emocional. Y ¿qué hacemos con el miedo de no recuperar la línea, el cuerpo que sentimos nuestro? Las tres ecografías, que pasamos como una prueba, para vigilar los riesgos de anomalías, los análisis de sangre, las tomas de muestras: estos seguimientos médicos participan en el mejor desarrollo posible del embarazo y ganan al ser completados por enfoques holísticos que acompañen el bienestar físico y emocional. La haptonomía, el canto, la música, la hipnosis, la acupuntura, los grupos de apoyo para los futuros padres..., no vacilamos en elegir lo que nos hace bien para crear un vínculo con nuestro bebé. Hay una nueva tendencia con las doulas, que proponen un acompañamiento global en temas de perinatalidad para la mujer y su familia.

El embarazo conlleva numerosas variaciones de la libido. Puede haber picos inmensos de deseo y luego nada. Están las náuseas, el temor al aborto espontáneo y el aflujo de progesterona del primer trimestre, con la producción de estrógenos por la placenta y los tejidos de la vagina mejor lubricados, y el clítoris y los senos mucho más sensibles y receptivos. La prominencia del vientre y el cansancio suelen hacer que esto baje en el tercer trimestre. Las apetencias van y vienen en función del sentir del compañero, e, incluso cuando ya no hay relaciones con penetración, se puede continuar cultivando la sensualidad y hacer el amor de muchas maneras: masajes, caricias lentas, ducha juntos, lecturas eróticas.

La concepción y la gestación de un proyecto hasta traerlo al mundo están emparentadas también con el estado de embarazo y nos hacen vivir en el cuerpo sensaciones casi similares.

Hacer

Coloco las manos sobre mi vientre, llevo dentro de mí un proyecto, una creación única, la visualizo, le doy un nombre, le deseo que crezca y que se despliegue.

Decir

¿Qué me ha hecho descubrir de mi cuerpo y de mi placer la gestación de un niño o de una obra? ¿Qué esfuerzo he producido, y quién me ha sorprendido para extenderme, acoger y dejar crecer a ese otro más allá de mí?

Transgeneracional

Llevo a cabo la investigación de mi historia familiar hasta al menos tres o cuatro generaciones. Hago salir lo no dicho, los secretos, las heridas, los traumas. Despejo mi tierra, la desbrozo, desenmaraño y limpio mi jardín. Después me arraigo, crezco y transmito.

Lo que revela la carta

La psicogenealogía y el psicoanálisis transgeneracional permiten comprender mejor el sistema familiar en el que brotamos, y que influye en nosotros mediante su relato y mediante las experiencias vividas que han quedado engramadas en el cuerpo de nuestros antepasados. A su vez, nosotros somos los/las portadores/as de estas informaciones que se nos han transmitido, y que vienen a despertarse a veces dolorosamente, en momentos clave, como para liberar al linaje. Nuestras células son portadoras de vívidas informaciones que se remontan al menos a tres generaciones. Efectuar un trabajo sobre nuestro árbol genealógico permite comprender mejor las carencias de las que adolecemos, tomar conciencia del valor de nuestro linaje y dar fluidez al paso del testigo entre generaciones, hacia delante, hacia el después.

La tríada mamá-papá-bebé no es la única que nos determina. Nos identificamos más o menos conscientemente con ciertos miembros de nuestra familia, con sus valores, con las opciones que tomaron, con su estilo de vida. También cargamos en nuestros cuerpos la memoria de lo que no se pudo decir, memoria que se despierta y nos despierta a su antojo como para reclamar una necesaria actualización.

Una limpieza doméstica interior para que crezca mejor el árbol: ¿cuál es la historia de nuestra familia con la sexualidad, con las relaciones entre las mujeres y los hombres? ¿Qué mentiras, secretos o tabús son tóxicos para el árbol? ¿Qué es lo que está en juego en nuestra fratría?

Violación, hambre, guerra, deportación, incesto, abuso, violencias diversas, esclavitud, prostitución, aborto provocado, pérdida de hijos, vida común sin amor... la lista de los traumas es larga. La constelación familiar es un método de terapia sistémica que permite sentir la intrincación de estos lazos, su influencia en nuestro presente y lo que puede desanudarse, revelarse, distinguirse (devolviéndole a cada uno/a su lugar y su historia) para sentirnos más libres.

Hacer

Dibujo mi árbol, lo descargo de los secretos que pesan demasiado para cargar con ellos. Interrogo a los/las que aún están inmersos en la vivencia de los/las que velan por nosotros. Acepto o devuelvo el mandato familiar que se me ha confiado.

Decir

¿Cuáles son los tesoros, los talentos que me han sido transmitidos por mi familia desde varias generaciones? ¿Qué zonas borrosas he localizado?

Individuación

Respiro en la carencia. Aprendo la presencia en la distancia. Dejo que irrumpa la ausencia. Domestico la soledad. Visito mis polaridades en el alejamiento. Me distingo. De separación en separación, me doy a luz.

Lo que revela la carta

La individuación es un proceso de creación y de diferenciación del individuo, que permite ir hacia la realización de su yo profundo. Este camino de individuación nos hace pasar por una sucesión de separaciones, siendo la primera el momento necesario del nacimiento. El niño, el adolescente y el adulto superan fases sucesivas de escisión para ganar en autonomía. Cada umbral exige un trabajo intenso, como el trabajo del parto, para aprender a agruparnos y a parecernos a eso único de lo que somos portadores.

Salir uno de su –gran– ombligo reclama renunciar a la binaridad que nos hace polarizarnos en el otro, con el fin de integrar los elementos contradictorios, a veces conflictivos, que juegan dentro de nosotros. A nuestro dilatado ego no le resulta fácil afrontar nuestras partes de sombra, nuestras banalidades, nuestros incumplimientos, nuestros errores, reconocer a ese enemigo que está dentro de nosotros y aprender a amarlo.

Este exigente viaje para darnos a luz se hace al albur de los encuentros que van jalonando nuestro recorrido de vida. En esos vínculos que nos moldean: padres-hijos, amigos, amores, colegas, pares..., experimentamos la alternancia entre acercamiento, presencia, compartir y separación. Y procuramos aprender a estar bien con el otro y bien sin el otro, sin dejar de manifestar el deseo de nutrir y cultivar el vínculo.

Los amantes conocen en sus inicios un estado fusional que los transporta a algo casi irreal, en donde revisitan las mieles de la fusión original, allí donde siendo dos somos sólo uno. Cuando se forja, cuando se llena la entidad pareja, los dos protagonistas, para evitar caer en una relación posesiva, tienen que afrontar el reto de mantener su independencia en el seno de la pareja, y no diluir su individualidad en una fusión permanente, tentadora, pero mortífera.

Aprender a separarse es también aprender a elegirse. En este «solos/as juntos/as», pasamos la prueba de la carencia, a veces del arrancamiento, de la duda. El vacío puede parecer abisal, y, no obstante, en ese espacio que se va ahondando con las sucesivas veces, es donde nuestra libertad interior encuentra más placer para traer algo de sí mismo al mundo. También puede aparecer espontáneamente el deseo gracias a este espacio de carencia.

Conocer mejor el propio clítoris y dialogar con él, sensorial y simbólicamente, es una puerta hacia nuestra autonomía. Es la brújula que nos guía por el camino de la individuación, el lugar íntimo de acceso a nuestras necesidades fundamentales para estar en un lugar seguro, y a nuestros deseos, aquello hacia lo que nos apetece ir, lo sensible que anhelamos emitir.

Esta carta propone diferenciar la ruptura, que rompe el vínculo unilateralmente, de la separación vivida entre dos, como un umbral que pasamos en nuestra evolución.

Hacer

Puedo separarme, puedo comprometerme. Elijo algo de lo que me voy a despegar y una distancia puntual para tomarla respecto de alguien.

Decir

¿Qué separación me ha permitido evolucionar más? ¿Cómo influye en mis relaciones hoy en día?

Más allá

Abro mis manos. Por el día, siento el agua que fluye de ellas. Por la noche, mis manos captan tus vibraciones. Siento tu piel, todas sus texturas, siento tu aliento, tus movimientos. No sé qué parte de ti es la que me ha encontrado. Qué importa la distancia entre nosotros, nos envolvemos en caricias en lo invisible.

Lo que revela la carta

La libido conoce bien la relación con el tiempo. Hay una temporalidad, una duración del eros en el amor, el deseo y el goce. Si aspiramos al amor eterno, quedamos sumidos en la obsesión de no ser deseados/as, de no mantener una erección, de no gozar... durante un tiempo suficientemente largo. El tiempo de los preliminares no es parecido en una persona y en otra, el disfrute no tiene duración idéntica, a veces es simultáneo, muchas veces el tiempo poscoito no se vive de la misma forma.

Es en la espera donde se construye la relación con el otro, cediéndole ese sitio al deseo de pasar tiempo juntos. En la emulación del vínculo amoroso, alabeamos el tiempo, las horas se alargan y quedan en suspenso cuando hay que soportar la ausencia, y desfilan en cámara rápida cuando por fin nos volvemos a encontrar. ¿Cómo calibrar el demasiado y el no lo suficiente cuando el desgaste del tiempo nos invade y mengua nuestros impulsos?

Alternando nuestros contactos en la materia y en lo invisible, «nos tomamos el tiempo necesario». Dejamos que nuestros sueños, inspiraciones, recuerdos o intuiciones abran una línea de tiempo, a nuestro ritmo. En este viaje que hacemos con el más allá, lo que ocurre después de la vida vive en nosotros. La memoria de nuestros difuntos continúa evolucionando, proponiéndonos otras perspectivas. Esta conciencia de la muerte como algo indisociable de la vida la convierte también en su sal. La impermanencia, que no dura y cambia sin cesar, nos plantea la pregunta del sentido que deseamos darle a nuestra existencia. En la experiencia sexual con uno/a mismo/a y con el otro, cabalgamos el tiempo desbridando a Eros y burlando a Thanatos, más allá del ser.

Hacer

Reservo en mi agenda dos momentos por semana, de 45 minutos cada uno, para recogerme en mí mismo/a y abrir una línea de tiempo en la que estoy en relación con el otro a distancia. Escribo mi «Nirvana letter»: me proyecto a los 80 años, le escribo a mi mejor amigo/a las cosas que he realizado en mi vida de las que estoy orgulloso/a, que me llenan de alegría.

Decir

Hago añicos el tiempo. Me regalo hacer novillos. Me desprendo de toda obligación. El viento me acaricia las piernas. ¿En qué lugar me apetece que me acaricien fuera del tiempo? Que mi cabeza pierda toda noción del tiempo, ¿qué me permite?

INTERACCIONES

Femenino-Masculino

Voy y vengo en la genialidad de mi sexo y oscilo con mi femenino y mi masculino.

Lo que revela la carta

Procedemos de la Naturaleza. La Naturaleza, o el dios Azar, nos ha dado un cuerpo macho o hembra. Anatómicamente, tenemos el lastre en un centro de gravedad femenino o masculino. Nuestro centro de gravedad psíquico está conectado con nuestro centro anatómico.

La apuesta de nuestra encarnación será negociar con ese cuerpo para transformar el azar en destino. Una negociación con nuestra finitud para habitar lo mejor posible este cuerpo de hombre o de mujer, aun estando amasados de bisexualidad psíquica desde la infancia, antes incluso de entrar en el lenguaje: ese equilibrio inestable de femenino-masculino.

Podemos imaginar que somos pensamientos sin cuerpo, pero en el acto sexual se impone nuestra identidad. Nos encontramos encarnados/as, en uno u otro lado del juego de la sexuación. Combinar lo masculino y lo femenino pasa por hacer un trabajo sobre uno mismo, es una realización que resulta de la capacidad para experimentar y desarrollar el propio cuerpo como algo que está conectado con nuestra mente.

Somos llamados/as a visitar el otro sexo para conquistar lo que nos falta, «nuestra parte dejada en baldío», lo que Sabina Spielrein y Carl Gustav Jung conceptualizaron con el *animus*, parte masculina en las mujeres, y el *anima*, dimensión femenina en los hombres. Es esencial que las mujeres, integrando su *animus*, decidan, y que los hombres, integrando su *anima*, dejen actuar. Salir de los estereotipos de género es también no privar a ningún sexo de una cualidad atribuida respectivamente a lo femenino o a lo masculino: ¿por qué habría de ser la dulzura privativa de lo femenino y la fuerza de lo masculino?

Los hombres, desde su centro de gravedad masculino, pueden desarrollar, visitando su clítoris simbólico, su potencial femenino, que acoge. Las mujeres, aprendiendo a manejar desde su centro de gravedad femenino la parte fálica de su clítoris, desarrollan su potencial masculino, que va hacia. Deseantes y deseados/as.

El hecho de acceder a nuestra bisexualidad psíquica nos permite autorizarnos a desear a personas de sexo femenino y de sexo masculino, y también discernir con más fineza dentro de nosotros mismos y en el otro la expresión de una sensualidad amasada con femenino y masculino, y jugar con esos infinitos posibles. Esto no significa forzosamente un paso al acto con los dos sexos.

Esta carta te invita a considerarte desde diferentes ángulos de género, física y psíquicamente, en esta alquimia que se busca a sí misma.

Hacer

Identifico a los personajes femeninos y masculinos que habitan mi gran teatro interior. Les pongo nombre, localizo en qué situaciones soy yo quien los llama, pero también los/las que se presentan cuando siento deseo y cuando hago el amor.

Decir

¿Qué es lo más femenino que encuentro en mí? ¿Y masculino? ¿Qué parte de femenino que hay en mí he descubierto gracias a haber conocido a alguien? ¿Y de masculino? ¿Qué tengo que decir, aquí y ahora, de ese encuentro?

Consentimiento

**Si no he dicho «sí», entonces es «no».
«No» es una frase completa.**

Lo que revela la carta

El verbo consentir viene del latín *cum*, que significa «con», y del verbo *sentio, sentire*, que significa «percibir a través de los sentidos», «darse cuenta», «ser de un cierto parecer, pensar», pero asimismo «juzgar».[1]

Todos/as tenemos algo de animal en nosotros, un teatro de animales interiores que necesitan entrar en relación unos con otros. ¿A qué consentimos realmente con nuestros sentidos, nuestro pensamiento, nuestra conciencia y nuestro juicio? El consentimiento no es una respuesta prefabricada, ni una regla estricta, frente a las violencias psicológicas y físicas, a los abusos y al acoso. Este término, popularizado por la avalancha del #metoo, sugiere un cambio de paradigma fundado en la paz de los sexos. El consentimiento exige poner en tela de juicio la jerarquía de los géneros. Implica un trabajo de largo recorrido de educación y de necesaria distanciación entre nuestras pulsiones y nuestro pasar al acto, con el fin de comprender mejor lo que está

1. F. Gaffiot, *Dictionnaire latin-français.*

en juego en nosotros y en la relación. La dinámica del consentimiento busca puntos de apoyo para la expresión de nuestras libertades y de nuestros deseos. Las posturas de consentimiento son existenciales: cómo ser auténtico/a, cómo estar presente, conectado/a con lo que quiero, y cómo se lo expreso al otro, y viceversa.

¿Qué condiciones tiene uno/a que reunir para experimentarse, educarse, entrenarse para el consentimiento? ¿Qué tenemos que cuestionar de lo que consideramos legítimo o no, cuando nos abandonamos al placer? ¿Cómo distinguir mejor nuestras necesidades de nuestros deseos, el «no» del «sí», y cómo escuchar mejor los «quizá», los «no sé»... ¿Cómo tomarnos el tiempo necesario para buscar lo que nos hace bien, con el fin de salir de ese esquema de la competición y de la eficacia que, inculcado desde hace siglos, resume nuestras sexualidades en lo genital y la penetración?

La doctora Betty Martin ha conceptualizado una herramienta que permite descodificar mejor nuestras interacciones táctiles: la rueda del consentimiento.[2] «En todas las situaciones en las que entra en juego el tacto, hay dos factores: quién hace la acción y quién se beneficia de ella. Estos factores se combinan de cuatro maneras: servir, tomar, permitir y acoger».

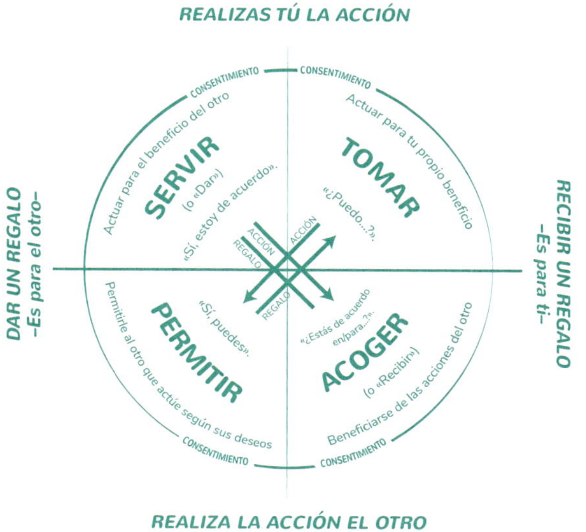

2. © Dr. Betty Martin / www.bettymartin.org

Hacer

Esta carta te invita a salir del tabú del «no», a poner tus límites. A pasar de decirle «sí» al otro porque confundimos «sí» con amor a saber decir «no». Experimentar el «no» permite encarnar plenamente tus «sí», tus «quizá», tus «no sé», tus «otra vez».

Mi compañero/a y yo nos hacemos propuestas de tacto cuerpo a cuerpo, a la escucha de nuestras necesidades y de nuestras apetencias.

Uno/a pregunta: «¿Puedo tocarte tal parte?» y el otro/a se toma el tiempo de responder con sus sentires y sus emociones: «sí», «no», «no, eso no, mejor esto, así...».

Ejemplo: «No, no me apetece que me acaricies el sexo, pero te propongo que me pongas la mano en el bajo vientre».

Decir

Cuando te digo sí, ¿a qué le digo no? Cuando te digo no, ¿a qué le digo sí?

Hombre clitoridiano

Carta homenaje a Philippe Nassif

Se habla mucho de la mujer fálica, así que, ¿por qué no hablar del hombre clitoridiano? Dilato mi ser con la mayor frecuencia posible.

Lo que revela la carta

El clítoris es una dimensión del ser, como el falo. Es visible e invisible, inasible, deshace la aspiración al dominio. Se escapa de la dialéctica erección y detumescencia.

El momento clitoridiano, para un hombre, sería esa aspiración para deshacer las relaciones de poder y las oposiciones binarias para situarse realmente en su creatividad singular, para elaborar apartado de las normas. La diferencia sexual entre femenino y masculino sería que la posición hombre (fálica) estaría en el lado del poder, de lo universal, de la norma, ahí donde la posición mujer consistiría en encontrar una consistencia de ser que se escape del juego de las normas.

Así pues, para un hombre, experimentar su clítoris tiene que ver con la creación artística. Pueden ser de ayuda la práctica de las artes marciales, la danza y la música.

Los hombres pueden experimentar la intensidad del goce de las mujeres, ese goce que ya está ahí en el momento del deseo, y también la posibilidad de un deseo que todavía sigue ahí después del goce. El hombre sale de esa tensión de «estoy en erección, penetro, gozo» para extenderse a algo más manso y acceder a un deseo que perdura durante más tiempo. Una retención viril permite una exploración más sutil de una alteridad femenina.

Así, el hombre clitoridiano abre un abanico de sensorialidades más amplias, descubre lugares variados de su cuerpo que se yerguen, en tensión progresiva hacia la búsqueda de esa explosión, de esa liberación hacia otro umbral; y esos mismos lugares reclaman también que se los investigue, palpitantes desde su interioridad.

Esta carta invita a los hombres a instalarse en su recinto clitoridiano para abrirse a una constelación de goces posibles.

Hacer

Me tomo el tiempo de saborear el próximo beso. Me tomo el tiempo de paladear estos labios, de sentir nuestros hálitos entremezclarse, nuestras lenguas tensarse, buscarse y descubrirse, nuestras bocas tomarse y acogerse. Todo está ahí.

Decir

En tanto que hombre, sentir mi clítoris y mi dimensión clitoridiana me permite (para mí y en mis relaciones)... En tanto que mujer, guiar a los hombres a sentir su clítoris y su dimensión clitoridiana me permite...

Vértigo del amor

El deseo y los sentimientos se fusionan. La pasión me arrastra en su torbellino, a veces me acecha la locura. Cuanto más me abro yo a este misterio del encuentro, más te abres tú.

Lo que revela la carta

El encuentro, el deseo y el amor tienen su fuente allí donde no los esperamos, y se escapan de nuestras veleidades de control. Quedamos imantados/as por el otro, mediante una alquimia que nos galvaniza y nos saca de nosotros mismos/as. Nos encontramos en esta fusión como en un pozo sin fondo de amor. A veces, perdemos la razón.

El amor no es una conquista, sino un despliegue, un compromiso hacia uno/a mismo/a, hacia el otro y hacia el mundo, un camino del que no conocemos ni la cartografía, ni el destino, ni el fin; ¿conocemos realmente su comienzo? El encuentro con alguien no carece de riesgo, pero es el corazón de la existencia: esa necesidad de ira hacia el otro para revelarnos a nosotros mismos. El encuentro amoroso es la ocasión de acceder a partes desconocidas de nosotros, de dejarnos sorprender y de comprendernos mejor.

Las relaciones amorosas nos comprometen en varios planos: físico, psíquico, sexual, familiar, emocional, social y espiritual. Nuestras neurosis y nuestras creaciones se hacen eco de muy, muy cerca. Se activan resonancias transgeneracionales, vuelven a representarse situaciones dadas para aguzar nuestro ser. Esa necesidad visceral de ser amado/a vuelve a entrar en juego en el espejo que nos pone delante la mirada del otro, ofreciéndonos la ilusión de esa alma hermana que tanto acechamos: nosotros mismos/as.

Esta carta te invita a dejarte traspasar por ese misterio, a dejarte tiempo para descubrir territorios desconocidos en ti y en el otro, para encontrarte mejor. Déjate tocar por esa intensidad, en ese tobogán emocional, vértigo de arriba hacia abajo y viceversa, escucha los mensajes de tu cuerpo y lo que esto cuenta de ti. Y luego regresa a tu centro.

Hacer

Pienso en una persona, en mi enamorado/a. Abro mi corazón, me conecto con esa persona a través de un canal de amor. Respiro por el chakra del corazón: al inspirar, mi corazón se dilata, nutrido por la energía de amor; al espirar, envío el amor a mi pelvis, a mi centro, a mi clítoris. Respiro al ritmo de esta ola de amor entre mi corazón y mi clítoris. Estoy en amor. Puedo visualizar un color en mi corazón y difundirlo mediante mi hálito a todas las partes de mi cuerpo, mis órganos, mis células; hacia esa persona. Siento la vibración de nuestra relación de amor, corazón y clítoris conectados, irradio amor. Difundo esa oleada de amor mucho más allá de mí.

Decir

¿Quién ama o qué es lo que amo cuando digo «te amo»? ¿Qué pregunta formula mi «te amo»?

En pareja

Me comprometo a construir nuestra pareja, a esculpirla como una obra de arte única, a apoyarme en ella, a consultarle, a cuidarla, a trabajarla como en un telar, a hacerla evolucionar para que tú, yo y nosotros bailemos siguiendo la frecuencia del eros.

Lo que revela la carta

Todavía se considera como norma la imagen de la pareja basada en un matrimonio por amor entre un hombre y una mujer que desean compartir su existencia, expandirse sexualmente y criar juntos su familia. No obstante, los matrimonios son más tardíos, los divorcios se multiplican (uno de cada dos en la región parisina, uno de cada tres en las provincias) y el número de familias monoparentales se ha duplicado en veinte años (una familia de cada cinco hoy en día, un 87 % de madres con hijo[s]).

La organización del trabajo y de la vida de familia pesa sobre el equilibrio de las parejas, porque el reparto de los roles y de la carga mental todavía permanece bajo el dictado de los estereotipos de género. Si bien están evolucionando las prácticas, aún lo hacen con lentitud, las señoras siguen asignadas a las esferas domésticas y familiares, y los caballeros a la función de ganar el pan. Este funcionamiento desequilibrado entre los sexos nos crispa.

Nuestra construcción social, la institución del matrimonio y la función utilitaria de la pareja para la vida cotidiana, ¿falsifican el amor y el deseo en la pareja o permiten ahondar los surcos para que emerja el amor?

La emancipación de las mujeres y la aceptación del matrimonio homosexual participan en el desbaratamiento del modelo patriarcal heteronormativo y en la apertura a otras formas de amor y de maneras de vivir la pareja, como el poliamor (estar enamorado/a de varias personas a la vez), el trío (pareja de tres) o el cuarteto (pareja de cuatro).

Las parejas están confrontadas con el desafío de conjugar intimidad, sexualidad, dinero, trabajo, parentalidad, grandes proyectos (como la compra de una casa), aspiraciones de realizarse en la sociedad, etc. ¡No es de extrañar que revienten! No están preparadas para sostener ese reto de largo recorrido. Y cuando se adhieren a él, muchas veces es con ocasión de una crisis, al borde de la separación, en la consulta de un terapeuta o en el despacho de un abogado. Estas crisis de pareja son las oportunidades para plantearse las verdaderas preguntas y hacer evolucionar la pareja hacia una etapa de renovación o de separación liberadora. Amar es cuando se ama, no forzosamente cuando la cosa dura. Aunque el compromiso de perdurar a largo plazo participa en el esfuerzo de amor.

¿En qué momento nos convertimos en una pareja? ¿Cuándo nos sentimos realmente bien en pareja? ¿Es ésta una decisión reflexionada, asumida, o se nos escapa? Antes de presentarnos como «en pareja», de oficializar esta relación y de quedar atrapados en el torbellino de las proyecciones de los demás, a los miembros de la pareja les vendría bien tener un espacio de trabajo para plantearse mejor estas preguntas, para comprenderse mejor y aprender a hacer en común. Asentar el contrato relacional de pareja, que es una entidad de pleno derecho y a la que contribuyen los dos. De lo que se trata es de encontrar el propio equilibrio entre ese espacio de libertad y de compartir, individualmente y juntos los dos, y circular por estas tres zonas: tú, yo y nosotros.

Este espacio de diálogo y de creación permite asentar tu proyecto de pareja y hacerlo evolucionar: lo que espero de la relación, lo que pongo yo de mis cualidades, de mis defectos, a lo que estoy dispuesto/a a renunciar, cómo considero la exclusividad, si me apetece tener hijos, si vivimos bajo el mismo techo o no, a qué ritmo nos encontramos, cómo funcionar con el dinero, las respectivas familias, los allegados.

El «contrato de pareja» evoluciona según los tramos de la vida. Con él se pueden vivir varias parejas en una. Todo es posible desde el momento en que se habla de ello, en el que nos ponemos de acuerdo, en el que dos verdades encuentran también la verdad común. En un proceso de paz que se apoya en conversaciones valientes capaces de abordar cuestiones espinosas, como «¿cómo hacemos cuando todavía nos queremos pero ya no nos podemos soportar?», «yo ya no me siento enamorado/a», «estoy enamorado de otro/a...», poder estar junto al otro/a desde nuestras paradojas y fragilidades, en el corazón de lo íntimo de él/ella, y formar equipo.

Esta carta propone que te sometas al yugo de tu proyecto de pareja, que elabores tu plan trienal. Y renovarlo regularmente. También funciona cuando a uno/a no le apetece estar en pareja y se siente bien en solitario.

Hacer

Hago introspección y escaneo lo que espero del otro en la pareja: «Quiero que seas...

- mi esposo/a,
- mi amante,
- mi mejor amigo/a,
- mi confidente,
- mi socio/a financiero/a,
- mi co-padre/madre,
- mi padre, mi madre,

... ¡¡¡para siempre!!!».

Sacudo bien fuerte estas exorbitantes expectativas y dejo claras las tres cosas que amo profundamente compartir actualmente con mi pareja. Y le señalo mi gratitud por eso.

Decir

¿A qué necesidad existencial responde mi proyecto de pareja? ¿Qué me apetece hacer que se mueva en mi pareja?

Emociones

Soy una brújula de sensibilidad y de fuerzas. Soy la extensión de esas vibraciones que realizan la conexión entre la Tierra y el Cielo, y que alquimizan lo palpitante. Conmovedor/a, soy el lugar de la conmoción.

Lo que revela la carta

Emocionarse viene de la palabra latina *emovere*, cuyo prefijo *e-* significa «fuera de» y *movere* «movimiento». Una emoción es una señal psicocorporal, la puesta en movimiento de una cosa dentro de sí, disparada por algo de fuera de uno. Nuestras emociones son provocadas por las interacciones relacionales y se expresan mediante el sentir corporal.

«El camino de individuación» de Carl Gustav Jung designa el proceso de creación y diferenciación del individuo. Este camino del sentir emocional mediante la travesía del cuerpo nos permite apropiarnos de nuestro recorrido singular de vida, y expresar nuestra personalidad. Propias de cada uno/a, nuestras emociones se convierten en aliadas si aprendemos a escucharlas, a nombrarlas, a dialogar con ellas. La alegría, el miedo, el asco, la tristeza y la ira están conectadas a nuestra memoria y hacen eco a las heridas emocionales de la infancia. También están ligadas a las memorias transgeneracionales de nuestro linaje familiar.

Según Lise Bourbeau, las heridas de rechazo, abandono, humillación, traición e injusticia sentidas durante la infancia condicionan nuestras vidas de adulto/a. Podemos añadir las violencias intrafamiliares y el miedo a lo desconocido (miedo a la tiniebla). Cuando se manifiestan las emociones, a veces caóticamente, es que la vida nos está sirviendo un plato para conocernos mejor, para co-nacer a nosotros: dar a luz un poco más, en el cuerpo, a quien somos.

Mediante un trabajo de percepción de la información que llega a nuestro cuerpo desde fuera, aprendemos a asociar nuestras emociones con acontecimientos, a comprender mejor lo que está en juego dentro de nosotros, a liberar a nuestro/a niño/a interior de sus dolores y de sus lastres, para que el adulto se atreva a elegir su camino, atreviéndose a elegirse a sí mismo.

Las emociones nos juegan malas pasadas, y podemos convertirnos en objeto de ellas. Llegamos incluso a disociarnos. Si no las escuchamos, podemos quedar atrapados/as por situaciones estereotipadas que señalizan cómo se supone que debemos comportarnos. ¿Realmente es eso lo que sentimos, o es la manera en la que se nos ha educado, lo que se espera de nosotros?

La acogida de nuestras emociones desde lo más íntimo, para que ellas, al trastocarnos, nos propongan que resolvamos dentro de nosotros, contiene un regalo oculto: amar a quienes somos, imperfectos/as, únicos/as y completos/as. En el encuentro íntimo con el otro, en ese vaivén entre deseo, fusión y carencia, repasamos las escalas de las que disponemos, y obramos ese trabajo de ligazón entre la materia y el cosmos; nuestros cuerpos como instrumentos musicales, que saben diferenciarse y conectarse, y por los que el amor circula, resuena y se difunde.

Hacer

Afronto mi miedo cuando se manifiesta en mí. Le doy las gracias, me voy a caminar con él, meto las manos en el suelo y entrego mi miedo a la Tierra. Elijo el amor.

Decir

¿Qué emociones he percibido últimamente antes, durante y después de una relación íntima? ¿Cuáles son las que son mías? ¿Cuáles son las que pertenecen al otro y han vibrado en mí?

Sororidad

He lanzado la llamada de las hermanas brujas, de las madres que velan, de las mujeres medicina. A quienes busco es a mis hermanas de corazón: nos reconocemos con más rapidez, cerramos filas desde nuestras Lunas y tejemos mandalas de lazos de amor.

Lo que revela la carta

Respondiendo a la fraternidad, el término «sororidad» se viene desarrollando desde los años setenta en los medios feministas. Da testimonio de una solidaridad y una ayuda mutua femeninas. Era también un medio para burlar la fraternidad de dominación masculina sobre la que se asienta el patriarcado, y para facilitar la libertad de pensar y de tomar la palabra.

Cincuenta años más tarde, la sororidad afianza sus fuerzas dirigidas hacia los *cuidados* y marca más la necesidad de reencontrarnos entre mujeres, de regresar a la fuente de lo femenino, desde nuestras hormonas, nuestros cuerpos, nuestras emociones, nuestros linajes transgeneracionales, nuestrosequilibrios propersona, para ser cada una su propio vector. Al estar más conectadas a nuestros cuerpos por nuestra condición cíclica, embarazos, partos y atención prestada a niños y ancianos; al ser portadoras y transmisoras de vida, las mujeres tenemos acceso a recursos ecológicos para cuidar de nuestra vitalidad.

Procedentes de antigua tradición, las *carpas rojas* reúnen círculos de mujeres para compartir los pequeños y grandes tiempos de sus respectivas vidas al ritmo de sus reglas y de los ciclos de la Luna.

La historia oficial, la de los hombres escrita por hombres, ha preferido olvidar la existencia de las beguinas, comunidades de mujeres solidarias, caritativas, eruditas e independientes. Éstas se encuentran, no obstante, ya en el siglo XII en Bélgica, y en pleno Marais, en el reinado de San Luis, en el siglo XIII. Rezan, pero no son religiosas; son castas, pero no están casadas; tienen derecho a administrar sus bienes y acceso al conocimiento. Feministas antes de tiempo, las beguinas revolucionan el modelo social patriarcal. Tienen con qué inspirar a nuestra múltiple actualidad, a la vista del galopante aumento de las familias monoparentales, sobrerrepresentadas por las mujeres, y del auge de los divorcios.

Se entra en sororidad igual que en sintonía con ese denominador común, es decir, en oscilaciones de la misma frecuencia, como para aliar entre sí nuestros instrumentos musicales, que se liberan de la rivalidad para llevar a una vibración muy alta nuestro femenino y nuestros cuerpos de mujeres.

Las mujeres buscan la paz en esta sororidad, entre ellas. Cuanto más recorren el camino de la paz con su cuerpo, al que tienen totalmente sometido para responder a los mandatos de la sociedad, o al que es tratado como un objeto, como una mercancía, o al que es utilizado como un arma de guerra; cuanto más cultivan esa paz en ellas y entre ellas, más paz difunden alrededor de ellas los círculos de sororidad.

Esta carta te embarca para considerar el mandala que estás tejiendo con tus hermanas de corazón como una tierra que cultivamos para hacer crecer en ella nuestros sueños y de la que extraemos energía para reponer fuerzas.

Hacer

¿Cómo voy a sostener material y emocionalmente a mis hermanas en las semanas próximas? Elijo con precisión una hermana a la que apoyar.

Decir

¿Qué es lo que me conecta con mis hermanas de corazón y que me parece bonito? ¿En qué lugar he encontrado realmente la paz en mi cuerpo? ¿Y en qué lugar necesito encontrar más paz junto a mis hermanas?

SOCIEDAD

Íntimo y político

Reivindicando sentir y pensar por mí mismo/a, por mi puro capricho, liberándome de toda orden para actuar y siendo portador/a de una voz libre, revuelvo lo más hondo, amenazo el orden establecido. En paz en mi cuerpo, obro para la paz de los sexos.

Lo que revela la carta

La relación mujeres-hombres se juega desde nuestro espacio íntimo hasta las instancias en las que se hacen las leyes que tienen impacto en los individuos, las parejas y las familias. El seguir siendo coherente y estando alineado/a se convierte en pura acrobacia cuando el despacho, el aula y la cama de la intimidad están en un mismo lugar, cuando ya no tenemos realmente espacios diferenciados dedicados a la parentalidad, al trabajo o al compromiso con la sociedad. Se han desplazado todas las fronteras de nuestros marcos, algunas se han venido abajo. Deben, asimismo, modificarse las leyes para acompañar estas mutaciones y sostener la igualdad y la cooperación entre las mujeres y los hombres. Las herramientas y las prácticas jurídicas son anacrónicas y perfectibles, porque todavía participan en demasía del incremento de las desigualdades de género. Nuestras leyes no toman suficientemente en consideración la realidad de nuestros cuerpos en la cama, en casa, en el trabajo y en el espacio público. En el país de los Derechos humanos, el cuerpo de las mujeres, su útero y su rostro son políticos. Seguimos intentando encasillar los cuerpos de las mujeres.

El aparato legislativo tiene impacto en lo íntimo. Fija las condiciones de la ley sobre nuestros cuerpos, en particular a través de la mayoría sexual y el umbral del consentimiento (¡15 años en Francia, tras haber considerado rebajarlo a 13 años!), la IVE –por fin– tallada en el mármol de la Constitución francesa en 2023 (seguimos temblando, porque la IVE todavía está prohibida en una veintena de países, entre ellos ciertos estados de América del Norte, y está extremadamente restringida en el mundo, incluida Europa), los plazos de prescripción de los crímenes sexuales, la prohibición de la prostitución, y el reconocimiento y los derechos de las personas no binarias.

Rige también el marco institucional del matrimonio y de la familia (en el sentido de domicilio fiscal), en particular hetero- u homosexual, la fiscalidad asociada al hogar marital y más tarde familiar y la obligación de los esposos de vivir en común (en el Código civil francés). El modelo patriarcal organiza matrimonio, vida de familia y herencia.

La legislación fiscal nada tiene de neutro: el Estado fomenta el modelo del Sr. Gana Pan y la Sra. Hada de la Casa. Casi se incita a las mujeres a dejar de trabajar. Las mujeres se tiran de cabeza al mito romántico, mayoritariamente relegan su carrera al segundo plano, privilegian las opciones que elige el caballero. El matrimonio y el divorcio empobrecen a las mujeres: el señor acumula y la señora invierte en el frigorífico. La fiscalidad de las prestaciones compensatorias y de la contribución alimenticia desfavorece al que recibe (suele ser la mujer) y da ventaja a aquel que la paga (suele ser el hombre). Todo esto desemboca en un sentimiento de estafa entre las mujeres y de ser «dejados de lado» entre los hombres.

Amar es también proteger al otro. Hay que dinamitar de una vez el oprobio de las mujeres por hablar de dinero e informarse mejor antes de arrojarse a una vida entre dos, para que este «aspecto de las cosas» se gestione como una PYME regentada entre dos.

Lo cotidiano, a largo plazo, acaba pesando sobre las parejas. Podemos interrogarnos sobre esta «obligación de vivir en común», detrás de la cual está el deber conyugal en trazo punteado. Es imprescindible una actualización. Seamos locos/as y creativos/as. ¿Por qué los padres varones, cuando se divorcian, consiguen liberarse al caer la noche, mientras que antes descansaban en su esposa? Podríamos instaurar una guardia alterna durante la vida de pareja. Nos toca a nosotras/os imaginar algo más libre y alegre en la manera de hacer sociedad juntos.

La mejor defensa no es el ataque. Hay que inventar nuevos roles, en particular para los profesionales del derecho, para realzar el diálogo, para tener el valor de decirse las cosas a fondo y escucharse, para crear nuevos marcos en la paz de los sexos. Una paz desde nuestros cuerpos de mujeres en paz, libres de disponer de ellos como deseemos, liberadas del miedo de que cualquiera haga uso de ellos a nuestro pesar, asumiendo todas nuestras formas, escuchadas en todos nuestros estados, sostenidas en nuestras iniciativas, actuando desde nuestros deseos.

Hacer

Si quiero, cuando quiero, hago como Virginie Despentes (*King Kong Théorie*)[1] «me levanto y me voy», y si quiero, como quiero, me quedo en la mesa de las conversaciones para asentar el marco que necesito para hablar libremente y sentirme en paz.

Decir

¿Qué ley (textos, usos, lugares y condiciones de vida o de trabajo) pone hoy trabas a mi libertad? ¿Por dónde hay que empezar para lograr la paz de los sexos?

1. Grasset, 2006. [Trad. cast.: *Teoría King Kong*, eds. Melusina, Santa Cruz de Tenerife, 2007].

Carga mental

Porque mi belleza y mi inteligencia clitoridianas lo valen, rechazo el postulado de que soy yo la única que sabe (y que lo hace) organizar, planificar, y ejecutar las tareas de la vida doméstica y parental.

Lo que revela la carta

Las mujeres todavía llevan encima mayoritariamente las cargas mentales, afectivas y relacionales necesarias para la vida de la casa, de los hijos, de nuestros ancianos, de nuestras personas frágiles y de las invitaciones e interacciones sociales.

El sistema patriarcal ha logrado que las mujeres empiecen a militar para aumentar la estafa de la que son objeto. La trampa del capitalismo se ha cerrado sobre ellas: ser buenas al mismo tiempo en el colegio, en el trabajo y en casa, y todo ello cultivando su *sexytud*. Las ineludibles multiconexiones digitales ejercen opresión mediante imposición de instantaneidad. Su ancho de banda no lo puede soportar, stop, es cuestión de salud pública. Esta carga mental genera estrés y desigualdades en el seno de la pareja y somete a examen nuestros des-equilibrios entre lo que se produce y lo que se valora, en especial en términos económicos.

La organización del trabajo y de la vida familiar no permite tener una vida equilibrada. Mujeres y hombres están al límite de un sistema que les hace militar para aumentar su propia estafa. El que nuestras sobrecargadas agendas nos fatiguen, incluso nos agoten, y compriman los tiempos dedicados a hacerse mimos debería ser una especie de señal de urgencia para no hacer nada más.

Todos los equipos de adultos/as que tienen la tarea de criar hijos y/o de ocuparse de personas frágiles se ven puestos/as ante el reto de encontrar su justo reparto de las tareas y los tiempos, para dirigirse hacia lo que tiene sentido en el fondo de uno/a mismo/a y para el equipo.

Véanse igualmente las cartas **Dinero** y **En pareja.**

Hacer

Establezco la lista de las tareas inevitables, me quedo con tres, suelto las demás, dejo hacer (sobre todo si el otro no lo hace como yo).

Decir

Dejo de preguntarme si voy a lograr hacerlo todo al mismo tiempo. Paro y me pregunto si hay un pájaro cantando para mí, y luego lo escucho. ¿Qué me dice?

En el trabajo

Mi área de creatividad circula y enriquece mi trabajo. Ése es el flujo que da sentido a lo que pretendo poner de mí en el mundo. Trabajando mi interior, expreso mi mayor valía, participo en una obra común cuya gobernanza se me parece, y me realizo.

Lo que revela la carta

Amor y trabajo son las dos elecciones más neuróticas de nuestra vida. Nuestra relación con el trabajo somete a examen nuestro equilibrio entre necesidad, recompensa, pertenencia, reconocimiento y realización. Y también el cómo situamos el cursor en la escala «necesidad/ganas de trabajar»: ¿qué indicadores hay para encontrar el equilibrio adecuado entre trabajo alimenticio y trabajo pasión?

Los síntomas de estar a disgusto en el trabajo, el estar quemado o las enfermedades crónicas invalidantes reflejan malestar y son consecuencia de una organización orientada en todas partes hacia la hiperproductividad y la carrera por la eficacia. Como si la máquina capitalista se hubiera embalado y nosotros no lográramos frenar su huida hacia delante. Entonces, uno deja de devorar recursos sin tino y se circulariza la economía poniendo en el centro lo social y el entorno.

El «¿A qué te dedicas?» nos encorseta en un oficio, una función, un sector. Eso da tranquilidad porque «paga», pero realmente no lo suficiente. Más aún porque no conocemos el 80 % de los oficios que existirán dentro de quince años, hasta ese punto está en mutación nuestro mundo, y esto a velocidad exponencial. Uno ya no se contrata en una empresa para cuarenta años, para hacer una carrera lineal. Los códigos tradicionales cambian con la aparición del *slashing*, es decir, la capacidad de pasar de una actividad a otra y de adaptarse a numerosos entornos. Más o menos como en la vida personal...

Todavía es exasperante, por no decir odioso, que por un trabajo igual las mujeres perciban una remuneración un 25 % inferior a la de los hombres. Cuando se superpone ese dato con el trabajo no remunerado que realizan las mujeres, sobrerrepresentadas en las esferas familiar, doméstica, asociativa y de ayuda familiar (acompañamiento de largo recorrido de un/a allegado/a dependiente o discapacitado/a), no cabe sorprenderse por la implosión que se está produciendo. En nuestra demencia de lograr la eficacia, nos hemos puesto patas arriba valorizando un tipo de trabajo en detrimento de otro. Francamente, ¿cuándo vamos a reconocer la contribución de todos y cada uno/a al esfuerzo colectivo?

Triunfar en la vida no es solamente «ser lo más» en el trabajo. Triunfar en la vida es vivirla. Tu vida. La tuya. Esto se hace trabajando para escuchar qué es lo que dentro de nosotros dice «sí» a la vida, y alternando introspección e interacciones con nuestras diferentes esferas de la vida: personal, profesional, social... Un trabajo de presencia en sí mismo/a, de conciencia y de libertad para comprometerse.

Hacer

Hago una lista de mis diferentes zonas de trabajo. Hago cuatro columnas: sufro / me movilizo / estoy a gusto / la gozo.

Decir

¿Qué sentido tiene mi trabajo en mi vida hoy en día? ¿Qué voy a cambiar en mi trabajo a partir de hoy mismo para estar aún más alineado/a?

Dinero

Anclada en mí, en conexión con los demás clítoris, soy una fuente de abundancia. Sé hablar de dinero, no lo demonizo, no lo banalizo, conozco al Dinero y él me reconoce.

Lo que revela la carta

Nuestro clítoris es como un radar que cuestiona el sistema de reconocimiento dentro del cual evolucionamos, nuestros modos de consumo y el lugar que ocupa el dinero en todas nuestras relaciones. Llama a construir una sociedad más justa entre las mujeres y los hombres, para que, juntos, ellos/as equilibren vida íntima, pareja, parentalidad y carrera. ¿Cómo influye en nuestra respectiva sexualidad la manera que tenemos de gastar y de ganar dinero? ¿Y cómo influye esto en nuestras prácticas sexuales?

Dinero y sexo suelen presentarse a menudo como la expresión de nuestras relaciones de poder. Seguramente lo son. Y también tienen flujos de intercambio de fluidos que someten a examen nuestras relaciones gastos/ganancias y pérdidas/beneficios. Sigue siendo un misterio la potencia de creación de la sexualidad. Un tesoro que el dinero no puede alcanzar.

En su horizontalidad, el clítoris nos permite ponernos en contacto de nuevo con la fuente de lo que nos hace bien y nos llena de gozo, la fuente de la abundancia que nuestra alma está buscando encarnar. Se libera de los dictados de la eficacia y del siempre más y más rápido. En su verticalidad, se erige con toda su legitimidad. Irriga los flujos, ocupa su lugar en las corrientes, sabe asentarse e imponer el reconocimiento. El clítoris es un actor comprometido de la economía circular en la que el dinero está al servicio de lo vivo. ¿La bolsa o las bolsas?

Esta carta te invita a hacer los honores a la celebración regular de encuentros de dinero contigo misma, en pareja, en familia, en tu equipo de trabajo. Haz balance de tus entradas y salidas, de tus inversiones, realizaciones y recompensas.

Hacer

Establezco para mí un plan anual que tiene en cuenta mis necesidades, mis apetencias y mis aspiraciones. Mi compañero/a y yo establecemos para nuestro equipo un plan trienal que tiene en cuenta nuestros planes individuales respectivos.

Decir

¿Cuento yo con lo que realmente cuenta para mí? En la relación íntima, ¿qué es lo que doy, qué es lo que compro, qué es lo que regalo?

Inteligencia de género

Realizo la experiencia de mi género, ese misterio. Pene o vulva, con el cuerpo que es el mío, busco mi fluidez, siento dónde me apetece asentarme, desplazo las líneas de las normas binarias, me divierto con el género en mi sexualidad.

Lo que revela la carta

El género permite un enfoque sistémico de la relación entre hombres y mujeres. Cuestiona las relaciones de masculinidad y de feminidad, ilumina nuestras libertades y nuestras relaciones de poder. Los individuos se identifican con roles modelo de hombres y de mujeres, y con referentes femenino y masculino. ¿Éstos se sufren o se eligen? La inteligencia de género explora lo que nos distingue en lo más profundo de nuestra identidad: la diferencia entre los sexos y las maneras en las que, dentro de la relación, se expresan nuestras estructuras de mujeres-hombres. La ecuación planteada entre los sexos biológicos y nuestro constructo sociocultural es un enigma por vivir.

Por miedo, por amalgama, partimos del principio de que las cuestiones de género tan sólo afectan a las personas trans. Aunque a todos/as nos concierne esta cuestión, tan existencial como la vida y la muerte, esta cuestión que reúne Naturaleza y cultura, cuerpos, emociones y mente. Cuando abrimos la caja del cuestionamiento de género, se tambalean nuestras certezas, nos dejamos volver del revés por ese viaje que nos transporta y nos lleva a tocar planos insospechados de nuestra identidad. Partiendo de nosotros/as mismos/as para explorar que existe otro lugar, más amplio que dos casillas para marcar, hombre o mujer, nos reapropiamos de nuestra identidad, allí donde no imaginábamos.

Nuestros prismas y estereotipos de género influyen de manera sistémica en las decisiones e interacciones que adoptamos: temporalidades, valoración de los oficios, igualdad de los salarios, ejercicio de la toma de decisión, comprensión de nuestros cuerpos físicos, energéticos y mentales, violencia implícita y explícita, relación con la eficacia y el bienestar. Todas nuestras organizaciones están moldeadas según las construcciones de género que tenemos.

La sexualidad permite estar en nuestra intimidad e ir a buscar nuestra identidad a lo más hondo. Es el terreno propicio para expresar la amplitud de nuestra escala, ahí somos más vulnerables, somos capaces de contactar con nuestra potencia de mujer, con nuestra dulzura de hombre, de intercambiar los roles, de deponer las armas. Se derriban las fronteras dentro/fuera. Se sueltan las lenguas, se multiplican los géneros.

Los trabajos de Morgan Lucas nos ayudan a distinguir sexo biológico, identidad, expresión de género, atracción sexual o erótica y atracción afectiva, atracción romántica. Y a aprender a visitar nuestra unicidad.

Esta carta te convida a la mesa de todos los regocijos, a explorar con gozo nuestros géneros en todos sus estados y en todos sus movimientos.

Hacer

La próxima vez que haga el amor, me autorizo a sentirme penetrado/a por el otro cuando él/ella está en mí; y a sentirme penetrado/a cuando soy yo quien penetro al otro.

Decir

¿Qué es lo que me permite reconocerme como mujer o como hombre, independientemente de mi cuerpo? ¿Qué cuerpos hacen el amor cuando hacemos el amor?

Sistema incesto

Yo digo esos secretos que perturban, esos gestos que destrozan, esas miradas que ensucian y esas palabras que provocan náuseas. Denuncio todo un sistema de dominio familiar de los/las mayores sobre los pequeños/as.

Lo que revela la carta

La vergüenza debe cambiar de bando. Lo que está implicado en esto es todo un sistema que compromete a varios niveles de responsabilidad. El sistema incesto mantiene lo borroso y la confusión en la relación de amor y de confianza. El abuso siempre anida en lo difuso del tabú. El lugar de lo indispensable (padre, madre, tío, tía, primo/a), se convierte en un lugar invivible.

Si bien el incesto está asentado como algo prohibido en nuestra civilización, también está en el fundamento de las relaciones de dominio. Es un derecho de vida, muerte y pernada sobre todo lo que vive bajo tu techo. Se asienta en el «hacer callar», lo cual cultiva la ignorancia y le permite perdurar a ese sistema.

Lo incestuoso implica un paso a la acción de uno de los padres sobre un hijo/a (tocamientos, penetración). Lo *incestual* es un incesto moral, sobreentiende que sería posible una relación sexual. En un clima incestual, el adulto mantiene un vínculo simbiótico y una tensión intrusiva que traban la autonomía del niño/a; los lugares y los límites están confusos, en particular en el terreno erótico.

El romper esa ley del silencio para salir del horror requiere un trabajo inmenso para crear las condiciones del diálogo. Un espacio de plena seguridad en el que las personas puedan decirse, escucharse, para intentar reparar y prevenir. Deconstruir ese sistema es estar a la altura de la valentía de los/las que se atreven a denunciar.

Es también aceptar el yugo de instituciones que han reducido la sexualidad a una cuestión de reproducción, de rendimiento, de moneda de cambio, de poder de unos sobre los otros.

Esta carta llama a afrontar lo intolerable, el malestar, a rechazar la ley del silencio para desmantelar un sistema en el que se trata a los niños de ambos sexos como objetos de deseo de adultos.

Hacer

¡Abro los oídos, los ojos y la boca!

Decir

¿Qué situaciones incestuales, incluso incestuosas, he podido observar ya?

Educación

**Vayamos a cruzar el abismo defensivo-ofensivo,
el abismo de los clichés activo-pasivo, rectifiquemos
y regresemos al corazón del cuerpo. Nuestros cuerpos
piensan y sienten, emiten y se imantan.
Las mujeres y los niños primero, ¿de acuerdo?
Aprendo a esculpirte en amor por el deseo de tocarte.**

Lo que revela la carta

Una educación completa para la sexualidad, preconizada por la UNESCO en calidad de jefe de filas, debería permitirles a los jóvenes aprender a escuchar y a respetar sus cuerpos y sus emociones, y tomar decisiones iluminadas. Sí, pero lo que ocurre es que los países están comprometidos de manera muy desigual en estas cuestiones íntimas y políticas, y no forzosamente se dotan de los medios necesarios para acompañar aquello que, no obstante, es el fundamento de todas nuestras sociedades.

Nuestros hijos/as crecen entre la pornografía de masas, el acoso, la violencia de muchos tipos, la eco-ansiedad, el vertiginoso ascenso del malestar en el trabajo de sus padres, el auge de los divorcios, la crisis sanitaria con prohibición de tocarse, los trastornos de la atención y el transhumanismo que nos acecha. La escuela continúa fomentando la competición, la carrera por el éxito, los honores para aquellos que se mantienen en los raíles y descuellan.

¿Cuándo vamos a despertarnos, a darles a nuestros cuerpos la consideración que merecen y a nuestras hermosas mentes tiempo para crear y reír? ¿De qué sirve criar a nuestros hijos pasando por alto lo que ellos son y lo que les hace bien? ¡Enseñémosles a estar bien en su pellejo! Podemos –y debemos– seguir haciéndonos preguntas, seguir saliendo de los malentendidos y guiando a nuestros jóvenes hacia ese cuestionamiento fundamental con el fin de proporcionarles referentes y de que aborden el umbral identitario de la sexualidad con serenidad y alegría. La educación sexual no se limita a la anticoncepción, a la prevención de las ETS, ni a una actuación del tipo «tengo una erección, me pongo un preservativo, penetro, la gozo».

Será necesario educarnos nosotros con ellos para explorar ese planeta sensual y espiritual que está entre nuestras manos. El asunto es delicado, porque nos exige afrontar nuestros tabús, fantasmas y verdades paradójicas. Así, hay que reconocer el desarrollo psicosexual ya desde la infancia. Entre los 3 y los 5 años, el niño descubre la diferencia de los sexos y comienza su exploración sensual y sexual. En ello rebasará varias fases. Es necesario salir de nuestra incomodidad, de nuestros miedos de adultos, permitirles que incorporen más palabras para evitar que lo que nosotros les dejamos ver –demasiado– se vuelva ansiogénico o culpabilizador. En tanto que adultos, estamos ahí para darles seguridad, lo mejor que podamos, dejando claras las prohibiciones, enseñándoles los límites, sin dejar de evocar la búsqueda de belleza en esa aventura del amor mediante el cuerpo. Para ello, ¿aceptaremos continuar aprendiendo junto a ellos, revisitar nuestro propio recorrido sexual y afectivo desde nuestra primerísima infancia? ¿Emprenderemos la investigación de eso que nos ha construido y continúa viviendo en nosotros, tanto lo mejor como lo peor? Para liberarlos a ellos un poco más liberándonos a nosotros.

Ya no debemos dejar pasar ni seguir alimentando ese pensamiento según el cual se puede disponer libremente del cuerpo, de la palabra y del pensamiento del otro, en particular de los de las niñas y las mujeres. Los niños varones ocupan con mucha más frecuencia la posición de agresor, pero por desgracia también son víctimas de violencia ya desde la infancia. Educarse en el consentimiento pasa también por el reequilibrado de la expresión del deseo: libres, deseantes, deseables, en conciencia y con confianza. Todos/as. El clítoris participa en este reajuste. El sexo es un viaje inventivo consigo y/o con alguien; en todo caso, tiene que ser bueno.

Para llevar a buen puerto este despertar a la vida íntima, tenemos que desarrollar una investigación muy fina de la conciencia del cuerpo y del propio inconsciente. Podemos empezar por clarificar las fronteras: cada uno/a su cajón de las braguitas, cada uno/a su cama, cada uno/a su ámbito de expresión, sin dejar de tender puentes para encontrarse y compartir. Aportando conocimiento gracias a talleres experienciales; la inteligencia del género y lo sensorial se desarrollan en la escucha de las diferencias. Esto permite más tarde crear espacios de respiración en los que aprendemos a echarnos una buena bronca y a hacer bien el amor. Con sentido y con nuestros sentidos. La base. Regresar uno a su base.

Véase igualmente la carta **Tabús**.

Hacer

Tomo un tiempo para abrir la conversación con mis hijos o con los jóvenes de mi entorno con el fin de comprender en qué punto están respecto a la igualdad y a su vida íntima.

Decir

¿Qué me apetece transmitir como prioridad a los/las jóvenes para que se realicen en su sexualidad? ¿Qué me hace comprender esto de mi propia historia?

PRUEBAS

Violencias

Mi vida está a punto de estallar bajo las bombas, bajo los golpes de lo no dicho, con el cuchillo entre los dientes aferrados a mi tanga. Mis deseos se saturan bajo este yugo de prejuicios que arrastra al amor de los pelos. El amor sigue siendo lo mejor que tenemos para proponer. No lo peor.

Lo que revela la carta

Nuestro condicionamiento social, la literatura, el cine y el *star-system* todavía valorizan masivamente la inferiorización de las mujeres, mientras refuerzan a los hombres en la imagen del conquistador al que parece debérsele todo. Una codificación recibida ya desde la edad más temprana les implanta a las unas gustar y servir al colectivo, y a los otros el ocupar el espacio de la palabra y del territorio. Este sistema de doma mediante el sexismo crea un desequilibrio patente en los poderes y las libertades. Quizá empecemos a hablar de libertad cuando las mujeres puedan salir a cualquier hora del día y de la noche, vestidas como quieran, sin temer que las agredan.

Estamos inmersos en una cultura de la violación, que considera el cuerpo de las mujeres como la barra abierta de las «necesidades masculinas» en la que se toleran, peor, se fomentan los comportamientos de los depredadores sexuales, aunque sólo sea dejándolos pasar sin decir ni hacer nada. Denunciar las violencias económicas, intrafamiliares, sexuales, psíquicas y físicas, tambalea el orden establecido. Más valdría callarse, «no armar escándalos»... No solamente son nuestros cuerpos, sino que ¡¡¡también tenemos cerebro y estamos dotadas de mirada y de palabra (que todavía se nos corta en exceso)!!! ¿Acaso es posible convenir en esto y partir de ahí, todos/as, sin ponernos a nosotras el sello de arpías o de perras guardianas?

Mantener viva la idea de que amor y violencia coexisten en nombre de un supuesto romanticismo es un insulto a lo más hermoso que llevamos dentro de nosotros. Las violencias de las que son víctimas masivamente las mujeres y los niños/as aún se justifican por la pasión de amor. ¿Amor a quién? ¿Pasión de qué? ¿Qué vale una autoridad que necesita violencia para ejercerse?

Para construir relaciones más armoniosas, hace falta el valor de ponerles nombre a la violencia, la agresividad, las actitudes y las expresiones desplazadas que sufrimos o de las que somos testigos. El valor de romper el silencio y de rechazar la doble condena de ser «víctima y culpabilizada por el riesgo de quedar reducida a los hechos padecidos». Y la fuerza de la dulzura que escucha largo tiempo para comprender, sin procurar responder.

¿Y si la historia de la violencia reflejara una agresividad incomprendida, una libido negada o mal canalizada porque nos aterran nuestra inmensa vulnerabilidad y nuestros deseos? Nuestra agresividad de diversos tipos, nuestras pulsiones sexuales y nuestras tensiones necesitan terreno de expresión, siempre y cuando esto sea dentro del juego, sin trampas.

Hacer

Denuncio una situación violenta, sea la que sea: tono, descalificación, insulto, intimidación, maledicencia, chantaje, agresión, utilización de la fuerza. Nada la justifica.

Decir

¿Qué es, para mí, un gesto o una palabra fuera de lugar? ¿A qué violencia sorda o manifiesta he estado expuesto/a? ¿Qué dice de ello mi vulnerabilidad?

Tabús

Quiero gozar antes de hacer gozar. Penetrarme no significa dirigirme, dominarme o poseerme. Es un privilegio. Soy yo la que me abro y acojo. Yo la que extiendo el inesperado infinito de nuestros erotismos. Me masturbo, me yergo y penetro, yo también, entre otras.

Lo que revela la carta

Hablar de sexualidad sigue siendo un tabú. En nombre de la incomodidad o del pudor, al organizar el sexo en torno a prácticas y situaciones pretendidamente obligatorias, es a la sociedad a quien se controla. Arrinconando nuestras sexualidades en un acto de penetración puesto al servicio de un disfrute que, a fin de cuentas, es masturbatorio del hombre en la dama, en este caso en el cuerpo de la dama, nos privamos del conocimiento de quiénes somos sensorial y políticamente. Por miedo a perder la erección, los hombres van rápidamente a la penetración de todos los orificios. Por reto y por avidez. En nombre de la eficacia y del orden hetero establecido, nos reducimos a mantenernos en el interior de una norma que aplasta nuestra curiosidad, nuestra creatividad y nuestro capital de placer.

El «reciente descubrimiento» del clítoris zarandea las representaciones encorsetadas del placer femenino. Estamos en el principio absoluto de una nueva era, en el descubrimiento de las múltiples zonas erógenas de todo nuestro cuerpo y de todos nuestros sentidos. Sí, podemos gozar conectando nuestro sexo con nuestro corazón. Podemos gozar en lo invisible, en el encuentro sutil de los inconscientes. Gozar de los senos, de las manos. Gozar de nuestros alientos que se entremezclan. Desear a mujeres y a hombres, sin que se nos etiquete de homo o de hetero. Hacer el amor con lentas caricias en los brazos, tan sólo una lengua entre los omoplatos. Estirar nuestras zonas sensuales con masajes lentos, multiplicar nuestros orgasmos.

Ya en la primera infancia, entre 3 y 5 años, se manifiesta la investigación psicosexual: el niño/a se da cuenta de la diferencia de los sexos, erotiza su entorno con todos sus sentidos, se explora, busca los circuitos que conducen hacia el placer, experimenta roles sexuados, juega al papá y a la mamá... y a los médicos. Es delicado acompañar a los pequeños en este descubrimiento fundador: asentar prohibiciones, situar las lindes del jardín íntimo, explicar los posibles peligros... Muchas veces la incomodidad, el malestar o el miedo ponen barreras. Los límites son necesarios para crear seguridad, pero ¿cómo hacerlo para que nuestros tabús de mayores no hagan que placer sea sinónimo de vergüenza?

Técnicamente, todas las mujeres tienen la capacidad de eyacular con un vertido lento o con un chorro potente y abundante. El fenómeno de la «fontanización» es, no obstante, tabú: las mujeres fuente son las misteriosas detentoras de un poder oscuro o los especímenes de feria que se exhiben en las películas porno. ¿Nos habrá bloqueado el acceso a la fuente el control que se ha ejercido sobre el placer de las mujeres? ¿Será que no hay que gozar en demasía?

¿Y el masaje prostático? ¿Hablamos de él? El tacto anal sigue siendo un fantasma lleno de juicios. No resulta «macho» lo de plantearse que tu sensualidad no se concentre solamente en tu pene. ¿A los hombres les atrae la sodomía, pero luego no se excitarían si los penetran?

Sentir placer en ese sitio pertenece a todos/as y se aprecia despertando suavemente esa zona mediante masajes solícitos con los dedos, no abalanzándose sobre ella. El arte del *pegging*, en el que la mujer penetra al hombre con un consolador acoplado en un arnés, el pétalo o la flor de rosa y el anulingus (consistente en lamer el ano de tu compañero/a) no están reservados para los homosexuales o los libertinos.

La sexualidad es un planeta de sensaciones por explorar. En la penetración vaginal, absorbemos el sexo masculino. Para la penetración anal, se realiza una presión para permitir la apertura del ano; luego la energía sube todo a lo largo de la columna vertebral, soltamos y nos abrimos totalmente.

Gozar puede ser también, a veces, un mecanismo de defensa con ocasión de un abuso. El cuerpo se pone en orden de batalla, como una respuesta a la infracción. La coerción procedente del exterior se disfraza de deseo procedente del interior para sobrevivir al terror, para superar lo insoportable. Las hormonas acuden como refuerzo. Esto es un cortocircuito que se produce en la cabeza y del que es difícil hablar, dado hasta qué punto coloca a la víctima en la duda culpabilizadora de haber participado en el horror. Precisamente, hay que permitir a las víctimas que hablen de ello, que salgan de ese trauma crucial, fundamental, de ese pensamiento que pretende que, cuando nos toman por la fuerza, nos quedamos sin defensa. NO. Una/o no provoca la violación. ES violado/a. El que HACE es el otro.

Hay que poner patas arriba nuestros tabús sobre la sexualidad, desbaratar el bien pensar que nos mantiene en la vergüenza y en la culpa. Hay que barrer las grandes verdades prefabricadas mediante la dulzura y la sensualidad, para descubrir nuestros gemidos y nuestras deliciosas invitaciones al placer, en el gozo del encuentro y del compartir.

Véanse también las cartas **Fantasmas** y **Pluralidad**.

Hacer

Me coloco delante de un espejo. Pronuncio lentamente la palabra «tabú» siete veces. Guardo silencio. ¿Qué ocurre en mi cuerpo? ¿Qué imágenes me vienen? ¿Qué me voy a atrever a proponerle a mi compañero/a?

Decir

Mi querido tabú, me has sido útil hasta aquí, así que vete a ordenar tu cuarto y a dejarme expandirme como yo lo siento: por cierto, voy a empezar por...

Tierra ignota

**No conozco el camino hacia mi placer.
No sé quién es Clítoris, ni siquiera sospecho de
su existencia, y aún menos de sus potenciales.
A veces me siento separada de mí, sin saber por qué.
Exploradora de un nuevo mundo, parto a su encuentro.**

Lo que revela la carta

Nuestras diferentes culturas patriarcales y monoteístas han echado un telón de hierro sobre la representación del clítoris y el conocimiento del placer femenino desde hace siglos y siglos. La negación es un mecanismo de supervivencia: ¿a qué había que sobrevivir, pues, costara lo que costara, para que seamos todos/as cómplices de contarnos una mentira tan enoooooorme a nosotros mismos?

Por falta de representación y de comunicación, hay mujeres de todas las edades que no saben cómo es su propio sexo, y menos aún los caminos hacia sus placeres que éste atesora. En el otro extremo, la hipersexualización de la imagen de los cuerpos vehiculados en nuestros medios de comunicación de masas, en particular los de las chicas jóvenes y las mujeres, impone otra negación de la realidad. No todas nos vestimos con la talla 36, ¡no bailamos todas las noches alrededor de una barra de pole lamiendo un helado, mientras repasamos las matemáticas! Gozar sería el nuevo Grial para las mujeres, siempre y cuando se sigan plegando a la imagen que la sociedad espera de ellas. Se puede comprender que, para preservar su «libre intimidad», algunas prefieran mantenerse lejos, lejísimos, de un acceso directo a su parte sexual y a su goce.

La UNICEF cuenta hoy en día 200 millones de niñas y mujeres a las que se ha practicado una ablación, y estima que 30 millones de niñas se exponen aún a sufrir esas mutilaciones en los diez próximos años. En Francia, pionera en hacerse cargo de las víctimas de ablación, se cuentan 54 000, desgraciadamente con tendencia al alza. La reconstrucción de estas supervivientes requiere acciones médicas y quirúrgicas, al igual que un camino de reparación que adoptará una vía específica para cada una, para recuperar ese sí misma, esa seda dentro de sí misma de la que las han amputado.

Otra plaga exponencial: la sumisión química con el GHB o con somníferos para provocar confusión o agujero negro. Deslizando esas sustancias en un vaso, los agresores pueden abusar de las víctimas sin que éstas conserven el menor recuerdo.

Esta carta propone que te reapropies de la memoria de tu cuerpo íntimo, que seas la guardiana de tus recuerdos mediante tu cuerpo, que des a luz a tu mujer poderosa y sensible y que le permitas elegir a su ritmo.

Hacer

Me tumbo boca arriba, coloco una piedra que me representa encima de mi pubis y parto hacia una expedición, expedición de mí; exploro desde mi monte de Venus por el interior de la jungla misteriosa, recuerdo y descubro, acojo mis sentires corporales y las imágenes que me vienen.

Decir

¿Qué planeta, qué continente, qué horizonte voy a descubrir desde mi monte?

Sumisión

Me someto cuando delego en otro el conocimiento de mi placer y la dirección para acceder a él. Estoy sometido/a cuando no reivindico la legitimidad de mis pensamientos, de mis emociones y de mis deseos. ¿Quién está ahí cuando yo me someto?

Lo que revela la carta

La visión sexual heteronormativa dominante postula que es el hombre quien dirige y quien sabe dar placer. Numerosas mujeres, incluidas las más jóvenes, piensan aún que una relación sexual lograda es... ¡cuando el hombre ha gozado! Mujeres y hombres se dejan dominar por la licitud de la pulsión masculina y continúan sometiéndose a reglas de seducción, a prácticas sexuales determinadas, por lealtad al orden establecido. No obstante, todos/as tenemos pulsiones, ganas, deseos y múltiples maneras de entablar relación con nuestro placer y ponernos en contacto con él.

Nuestro delicioso clítoris es también portador de un ir hacia, tanto como una tierra de acogida, lo cual cambia un poco la situación del reparto de la carga afectiva y sexual.

Cuando no es libremente consentida, la sumisión marca una negación de la realidad, una ausencia de iniciativa, como si funcionáramos con anteojeras agachando la cabeza, aceptando, sin siquiera cuestionarlas, unas reglas impuestas y no establecidas.

La dominación/sumisión puede ser un juego sexual creativo y lúdico cuando las reglas y los límites se ponen y se consienten por cada uno/a de los compañeros. En un informe BDSM (*bondage* y disciplina, dominación y sumisión, sadomasoquismo), el «top» (dominador/a, amo/a) y el «bottom» (esclavo/a, sumiso/a) se ponen de acuerdo sobre las reglas del juego, incluidas las línea rojas que no se pueden rebasar. Contrariamente a lo que se podría pensar en una visión caricaturizada de las relaciones sadomasoquistas, la meta no es sufrir, sino experimentar entre dos la relación con el control (el dominado renuncia al control), con los límites, con la intensidad, con la dirección (el dominante, cuando propone, da). Las reglas son mucho más explícitas y detalladas que en las relaciones sexuales consideradas como «normales», en las que, a fuerza de apoyarnos en la norma, nos reducimos a guiones ya escritos y le hacemos el juego a cierto orden establecido.

Véanse igualmente las cartas **Consentimiento** y **Dominación**.

Hacer

Salgo de la relación de sumisión y afirmo mi potencia: escojo una situación en la que estoy sometido/a y me atrevo a expresar mis posiciones, a pedir cosas, asumo el riesgo del rechazo, me autorizo a no gustar.

Decir

¿Qué ocurre en mí cuando elijo someterme? De aquí en adelante, no volveré a someterme a...

Dominación

Llevo a cabo la investigación para comprender las dinámicas sociales que han participado en imponer el patriarcado como organización que perpetúa la dominación masculina. Me yergo ante este orden ideológico instituido y me salgo por la tangente.

Lo que revela la carta

Según la socióloga Sylvia Walby (*Theorizing Patriarchy*, 1990), la institución del patriarcado reposa sobre seis estructuras: el trabajo asalariado, el trabajo doméstico, la sexualidad, la cultura, la violencia y el Estado. Ivan Jablonka (*Des hommes justes*)[1] insiste en la necesidad de «distinguir el patriarcado de los individuos que, según su sexo, sacan ventaja de él o lo padecen». Son, en efecto, nuestras instituciones (Estado, religión, familia) las que hacen que se mantenga este sistema que puede alienar en ciertos roles tanto a las mujeres como a los hombres. Atrapados en la trampa de la virilidad y de las masculinidades de dominación, los hombres también están

1. Seuil, 2019. [Trad. cast.: *Hombres justos: del patriarcado a las nuevas masculinidades*. Buenos Aires, Libros del Zorzal, 2020].

instrumentalizados por esta máquina de dominar. Olivia Gazalé subraya en *Le Mythe de la virilité*[2] que este modelo «no opone solamente el hombre a la mujer, ni siquiera el hombre viril al hombre afeminado, sino también el amo al esclavo o al "sub-hombre"».

Mientras el hombre pensaba que la mujer era la única que tenía el poder de procrear, a ella se la honraba como a una diosa de la Naturaleza. Cuando comprendió que él tenía su parte, el cuerpo de la mujer se convirtió en un objetivo de poder y de productividad. Las niñas eran moneda de cambio entre las tribus. La historia de nuestra modernidad (siglo XVIII), precedida por el genocidio de las brujas, ese momento en el que lo femenino fue particularmente excluido de la sociedad, reposa sobre una organización de dominación y de depredación, fomentada por la ciencia y la tecnología. Los siglos XVIII y XIX son los más falocéntricos de la historia de nuestras sociedades, legitimados por el capitalismo y su loca carrera.

Con el proxenetismo y el mercado biológico (procreación), el peligro de OPA sobre sus cuerpos sigue acechando a las mujeres. Éstas tienen derecho a venderse para enmascarar el derecho de los hombres a comprarlas... Una mujer que no está protegida por un hombre les pertenece a todos. Aún hoy hay hombres que cifran su honra en el cuerpo de sus hijas, hermanas o esposas, y no estamos a cubierto de un retroceso.

Ante tales coerciones institucionalizadas, no cabe pensar en fatalidad alguna. Pionera del ecofeminismo, Françoise d'Eaubonne publica estas palabras visionarias en 1974, en su ensayo *Le Féminisme ou la mort*:[3] «Es una urgencia subrayar la condena a muerte, por este sistema de agonía convulsiva, de todo el planeta y de su especie humana, si el feminismo, liberando a la mujer, no libera a la humanidad entera, a saber, no le arranca el mundo al hombre de hoy para transmitírselo a la humanidad de mañana». Acerca feminismo y ecología, denunciando «el ilimitismo del patriarcado» que lleva al agotamiento de los recursos y a la «sobrefecundación», debiéndose así la superpoblación al «conejismo falócrata».

La dominación puede ejercerse física o psíquicamente, en un juego de poder en el que obedecemos a los mandatos de la sociedad, y a las diferentes autoridades que reconocemos debido a nuestra educación familiar. Si bien son necesarios el marco de la ley y las autoridades para hacer sociedad juntos, ¿son justos?

Este sistema de dominación influye en nuestras estructuras íntimas y pesa sobre nuestras sexualidades. Se dirige nuestro logro hacia la pareja heteronormativa, al «vivieron felices y tuvieron muchos hijos» y a la familia

2. Robert Laffont, 2017.

3. Reeditado en 2020 por Le Passager clandestin.

de los anuncios publicitarios. Lo sexual muchas veces se representa como algo con buen rendimiento y caricaturalmente penetrador y explosivo.

Esta carta propone cultivar nuestro espíritu crítico y tomar el tiempo de clarificar nuestras posiciones respecto a las situaciones dadas de dominación que persisten en los diferentes círculos en cuyo interior evolucionamos: Estado, empresa, familia, grupo de amigos, pareja. Y luego, desobedecer y liberarnos poniendo nuestras propias reglas e inventando otras.

Hacer

En mi sistema de vida, ¿a qué decido desobedecer porque es adecuado para mí y para lo vivo? Elijo el primer paso para poner en marcha el cambio.

Decir

¿Qué me domina en la relación íntima? ¿Qué flor se expone a ser aplastada dentro de mí por esa dominación?

Reparación

Encuentro en mí los recursos para poner en palabras los males, me apoyo en esa mano que se abre, para dejar de cargar yo solo/a. Me reúno junto a lo y los que me hacen bien, y renazco de mis cenizas.

Lo que revela la carta

Nuestra biblioteca intrapélvica ha engramado las memorias de nuestra historia y la de nuestro linaje. Terapias manuales finas (fasciaterapia, osteopatía intrapélvica), el trabajo en arteterapia, el canto, la danza, el tantra y la práctica de los huevos de yoni proponen protocolos para repararse desde ella. Nos irá bien tomar conciencia de que cada encuentro energético con este espacio eminentemente íntimo deja una marca en nuestras células. Cada abrazo, cada caricia, cada examen médico comportan el riesgo de reactivar memorias de heridas, de abusos, de abandonos, de negaciones, de faltas de delicadeza, pero también la posibilidad de repararlos.

Abusos, violencias, secretos de familia, presión educativa, observaciones de apariencia anodina, gestos fuera de lugar, todos cargamos en nuestra propia historia o en la de nuestro linaje con algo que impacta en nuestra vida íntima y pide ser reparado. Atreverse a reconocerlo, atreverse a abordar los temas, las cosas no dichas, lo que nos pesa o nos estorba, atrevernos a decir y oír la necesidad de reparación puede ser el primer paso por el camino del sosiego, del rebote, del renacimiento.

Reparar una herida no la borra. La cicatriz queda, pero el sufrimiento pesa cada vez menos, incluso aunque a veces se despierte. Efectuar el trabajo de reparación ayuda a no reproducir esquemas mortíferos y a limpiar el terreno para las generaciones siguientes.

Nuestra capacidad de reparación participa en nuestro poder de transformación. La reparación pasa por una reapropiación psicocorporal que permite recuperar dentro de nosotros/as una alineación que tiene sentido para uno mismo/a.

Esta carta abre el camino de la reparación para las pruebas soportadas, padecidas por tu clítoris: heridas, ablaciones, abusos físicos o psíquicos, falta de respeto, negación.

Hacer

Diferencio el repararme yo, el pedir reparación y el perdonar a (tomar la parte que he dado yo). Honro el poder sanador de mi clítoris sagrado: su hipersensibilidad me sosiega, me da seguridad y encauza mi placer.

Decir

¿En qué situaciones me separo de mi cuerpo? ¿Qué necesito reparar para mi vida íntima?

Resilencia

Algo se rompió hace mucho tiempo en lo más hondo de mí. Esta herida no podrá con mi alegría. He dejado que corriera el oro por las fisuras de mi alma que crujen hasta mi piel, para iluminar mi camino.

Lo que revela la carta

Término utilizado en física para describir la resistencia de un material a los golpes, el principio de «resiliencia» fue divulgado por Boris Cyrulnik. Explica el camino de resiliencia como la capacidad que tiene un individuo de movilizar sus recursos para rebotar después de haber sufrido un trauma. Un trauma es un acontecimiento que atenta contra la integridad física o psíquica, y confronta con la muerte: guerra, maltrato, violación, incesto, deportación, tortura, hambre, etc. Vulnerado en lo más hondo de su identidad, el individuo ve cómo su memoria queda fracturada de manera indeleble por ese recuerdo de haber rozado la muerte de cerca y de manera palpable. Incluso después de haber vivido el horror, es posible un mecanismo de resorte que saca energía de un feroz deseo de vivir. Una infancia que nos ha transmitido seguridad en el plano del apego, es decir, rodeada de atenciones y de afecto, constituye una base importante para rebotar después de un trauma. Estas fuerzas de vida encontrarán puntos de enganche afectivos, «tutores de resiliencia» para recuperarse y continuar creciendo. El encuentro adecuado para dejar que lo hermoso crezca dentro de sí.

La memoria traumática mezcla precisiones, cosas borrosas, negación, recomposición. El trabajo de reorganización del pasado, mediante la puesta en relato de esa memoria, permite sobrevivir a lo indecible, a lo abominable, para darle sentido a lo insensato.

Metáfora de la resiliencia, el arte tradicional japonés del «kintsugi» consiste en reparar un objeto roto rellenando sus cicatrices con oro fundido, en lugar de ocultarlas. Podemos transmutar en oro el plomo de lo que nos ha hecho sufrir, y dejar que nuestra parte divina brille en todas nuestras brechas.

Todos/as cargamos con memorias traumáticas, de nuestras vidas, de nuestros linajes. Estas improntas también tienen impacto en nuestra intimidad. Que cada uno/a desbroce su tierra y encuentre lo y a los que la vitalizan. Amordazado, mantenido en secreto, cuando no humillado o amputado, nuestro amado clítoris regresa de lejos. Le han hecho falta fuerzas telúricas para desafiar los ultrajes y reivindicar su parte. Todavía las va a necesitar. Él sabe. Sabe el placer.

Esta carta te confronta con tus fisuras y procura recordarte que eres portador/a de recursos nucleares, ahí, en tu oquedad.

Hacer

Sé y aún siento lo que me ocurrió. Soy resiliente. Entro en contacto con mi cicatriz, la miro, la abro, me zambullo dentro, dejo que brote de ella mi parte preciosa. Y en el momento en el que es el momento adecuado para mí, invito a mi compañero/a a recorrerla con la mirada.

Decir

¿A través de qué fisura brilla mi luz? ¿Cómo, gracias a qué y a quién, he logrado resurgir?

ERÓTICO-SEXO

Deseo

**Acurrucada, me envuelve mi subida de savia.
Deseo, soy deseante. Soy deseada. Me siento deseable.
Esta fuerza salvaje me reúne y me guía hacia el placer.**

Lo que revela la carta

El deseo no se negocia. Brota, se nos escapa, vuelve. Frágil, intenso, sorprendente, caprichoso, se construye en el espacio que nos separa, en la distancia, incluso en la carencia. El deseo necesita sorpresa, misterio y algo inesperado, recuerda nuestro querido Alain Héril.

El deseo puede ser espontáneo, ¡¡en particular en el inicio de una relación, en el que el descubrimiento y la novedad estimulan el apetito!! Puede dispararlo el acercamiento emocional, el fantasma, el juego erótico, la lentitud, el redescubrimiento a través de las caricias sin implicación de acto sexual. Se nutre de curiosidades, de descubrimientos, se construye mediante la inventiva de los protagonistas.

Lejos de limitarse al sexo, el deseo cuestiona nuestra propia interioridad, la relación consigo y con el otro. Aquí consideramos la cualidad deseante que se produce. ¿En qué me apetece poner energía de vida? ¿Qué relaciones, qué ámbitos, qué trabajo, qué actividades estimulan el deseo, nos ponen nerviosismo en el talle y alegría en los pómulos?

El deseo del otro viene a alimentar nuestro deseo, pero no podemos depender solamente del deseo del otro. Las muchachas y las mujeres todavía están muy educadas para responder al deseo de los hombres, antes de escuchar ellas su propia música interior. ¿Quién mejor que nosotros/as mismos/as para sentir lo que despierta, estimula, multiplica o corta nuestro deseo? Se está operando un cambio de paradigma con el clítoris, órgano consagrado al placer: nosotras somos autónomas en el camino hacia nuestro placer, podemos guiar, podemos variar los placeres, podemos penetrar y acoger, de igual a igual.

Si bien el deseo sexual parece darse por hecho en la relación amorosa, es bueno matizar en nuestro acercamiento al deseo; su presencia, su descenso, su ausencia, sus variaciones. A la larga, es frecuente la rutina sexual en el día a día de la pareja, y hace mella en el deseo. Los problemas de la relación de pareja suelen aparecer con el síntoma de la ausencia o la disminución del deseo en la sexualidad. El abanico causal es mucho más amplio y se produce antes de la cama. Cuando estamos en situación de no deseo, podremos hacernos la pregunta de qué es lo que no se ha dicho.

Siempre es buen momento para ocuparse uno/a de su libido, en tanto que energía deseante y creadora, subtendida por la alegría. Esto supone investigarnos con autenticidad, más allá de los guiones normativos, para mantenernos presentes en nuestro deseo interior y elegir la dirección que hay que darle.

Hacer

Voy a bailar mi deseo con alguien. Pongo la yema de mi índice contra la yema de su índice y, durante el tiempo que dura una pieza de música, manteniendo mis ojos en sus ojos, voy a bailar mi deseo con ese/a pareja de baile. Si le apetece bailar su deseo conmigo, me lo puede pedir.

Decir

¿Qué es lo que deseo cuando te deseo? ¿En qué identifico en mí el deseo? ¿Qué es lo que dispara mi deseo y galvaniza mi placer?

Fantasmas

Mis fantasmas llaman a la puerta de lo prohibido. Se imponen a mi imaginario a mi pesar. A veces, los convoco, porque me excitan. Suelto riendas, transgredo. Me evado en mi bazar fantasmagórico. Y ahí, abajo del todo, volvemos a encontrarnos.

Lo que revela la carta

Fantasear es un medio para explorar la propia sexualidad, para atropellar las normas y deshacerse de las prohibiciones respecto a lo que nos puede excitar. En nuestro universo fantasmagórico, el «ello» de nuestras pulsiones prolifera, procura expresarse y viene a testar nuestro orden moral, el «súper yo». Es el «yo» el que regula la eventualidad de un paso al acto. Así pues, el fantasma es indispensable en la construcción de la estructura psíquica. Es interesante comprender por qué se considera tal o cual fantasma como prohibido, y preguntarse quién ha metido esa prohibición dentro de nosotros.

El fantasma se impone, no se decide. Hechos de sombras y de luces y, entre ambas, de cincuenta matices multicolores, nuestros fantasmas son a la vez un terreno de juego para poner creatividad en nuestra diversa sexualidad y el terreno del que rebosan las alcantarillas de nuestras pulsiones arcaicas conectadas con la pulsión de agresividad y de supervivencia.

Los que hablan en nuestros fantasmas son el inconsciente individual y el inconsciente colectivo. De nuestra tierra, de nuestro país, de nuestra familia, de nuestras culturas, de nuestras religiones, de nuestros encuentros transgeneracionales. Nuestras relaciones serían menos violentas si aprendiéramos a aceptarlos mejor y a comprenderlos. Descodificar nuestros primitivismos y nuestras locuras interiores, darles sentido para que Eros (pulsión de vida) mantenga el poder sobre Thanatos (pulsión de muerte).

Atrevidos, lúdicos, alegres: ¿por qué privarse? Tabús, difíciles de asumir o de explicar: no todos necesitan realizarse, pero sí merecerían todos que les prestásemos atención. Los podemos contar de viva voz para echar pimienta a la relación y enriquecerla. Podemos probar algunos y dejarnos sorprender entre sueño y realidad.

Podemos, deberíamos todos/as, trabajar sobre nuestros fantasmas extremos, porque ese lugar toca a los cimientos de esa humanidad que nos conecta. En este trabajo es donde reencontramos el acceso al amor incondicional.

Un fantasma se vuelve problemático en el momento en que pasa a ser obsesión, o si ya no podemos prescindir de él para obtener placer. Que nos persiga un fantasma y no lo asumamos mediante ese trabajo sobre su significante, es exponernos a que se transforme en desviación patológica o a que vuelva a salir, disfrazado, en situaciones de manipulación tóxica.

Esta carta abre la caja de Pandora de tus fantasmas de todos los colores, de todos los estilos, con todas sus facetas, oscuras, animales, misteriosas, alegres, luminosas, poéticas, líricas... Te invita a atreverte... en el fondo de la caja, en el fondo del todo, está la esperanza.

Hacer

Me doy diez minutos para escribir un fantasma realista y realizable. Dejo ese escrito al lado de mi cama durante siete días. Vuelvo a leer mi fantasma pasados esos siete días, no quito nada, lo completo si quiero. Observo mis reacciones. Y dejo filtrar.

Decir

¿Qué fantasma realista y realizable me gustaría realizar próximamente? ¿Qué cosas fantasmáticas encuentro en la bisexualidad? Cuando me sienta preparado/a, comparto un fantasma arcaico.

Masturbación

Me masturbo, me descubro, propongo, abro, irradio.
Me masturbo, luego existo.

Lo que revela la carta

La masturbación es buena para la exploración de uno mismo y de nuestro teatro fantasmático. El hombre piensa y se masturba porque tiene mano. Proporcionarse placer y decirlo, es asunto que sigue siendo delicado, en particular para las mujeres. ¿Quién nos ha metido en la cabeza que una mujer de bien no goza? ¿Y que el placer sexual lo guía forzosamente el hombre, que evidentemente sabe cómo alcanzarlo?

La masturbación es una conexión sexual, sensual y sensorial consigo mismo/a. Marcador de autonomía, permite aprender a conocer nuestro cuerpo en sus más íntimos repliegues, a relajarse, a dialogar con nuestro placer y nuestros deseos. Cuando nos masturbamos, nuestro inconsciente tiene más sitio para encontrarnos; al abrir nuestro imaginario vienen a entremezclarse recuerdos, fantasmas, películas inesperadas, a veces muy sorprendentes.

Con los dedos, con telas, objetos, juguetes sexuales, imágenes excitantes, la masturbación ofrece un amplio terreno de juego para investigar.

Y ahora que conocemos y visualizamos mejor la representación completa del clítoris, dentro, fuera, ahora que sabemos que está exclusivamente dedicado al placer, podemos extender nuestras escalas entre orgasmo de suavidad y orgasmo de poder (y entre estos dos posibles, una infinita variedad de posibles). Podemos buscar conectarnos con otras zonas erógenas, por ejemplo los senos, que en algunas están directamente conectados con el clítoris, o incluso justo ahí, entre las nalgas...

Masturbarse durante el acto sexual con un/a compañero/a es un gesto erótico de gran intimidad. Mostrarle al otro lo que nos gusta, nos excita, y la manera en la que baila nuestro cuerpo con nuestra subida de excitación es un regalo hacia nosotros mismos y hacia el otro que expresa la afirmación de sí, la confianza en sí y en el otro.

Hacer

¿Qué lugar me apetece darle a la masturbación en mi sexualidad? Me fijo una cita semanal para masturbarme.

Decir

¿Cuáles son las situaciones que convoco cuando me masturbo? ¿Cuáles son las que me han sorprendido recientemente?

Pluralidad

Yo, multipistas, me revelo de un cuerpo a otro en una selva de caricias. Plural, varío las fuentes de placeres, los roles, las dimensiones, y viajo en libertinaje en la plurigamia de mis deseos.

Lo que revela la carta

El apetito aparece comiendo... ¡y saboreando! Nuestros deseos fluctúan en función de los tiempos de la vida, de los compañeros/a, de las propuestas, de nuestra curiosidad. Podemos tener períodos de evidente exclusividad y otros menos evidentes, las costumbres se instalan, pueden cansar si uno/a se estanca en lo demasiado conocido.

El deseo no se dispara linealmente hacia una –sola– persona, con una receta y un plano de carretera perfectamente razonable para cantar bingo todas las veces, y para toda la vida. Eso es lo que lo hace sutil y sabroso.

La exclusividad del deseo, del sentimiento amoroso y del amor no cae por su propio peso. Llevada a las nubes por nuestro condicionamiento cultural judeocristiano, podemos interrogarnos sobre la presión que pone sobre la pareja la fidelidad. ¿Nos ponemos en una posición esquizofrénica, finalmente perjudicial para la relación, al pretender no seguir deseando a nadie más que a nuestro/a cónyuge, mientras que puede haber otros/as que nos tengan agarrados y vueltos del revés en nuestro interior? Ser fiel por miedo a que te abandonen es exponerse al riesgo de una relación en la que los miembros busquen poseerse uno/a al otro/a. Elegir ser fiel sin renegar de que nos atraviesen apetencias distintas, ambivalentes, nuevas, es un compromiso con una escucha auténtica de nuestro estado emocional, con una confianza que no teme perder al otro a riesgo de ser lo más sincero/a posible.

Por naturaleza no somos monógamos. El tercero, que vendrá ineluctablemente a rascar la puerta de nuestro eros, puede adoptar diferentes formas: amistad amorosa, correspondencia epistolar sensual, conversaciones telefónicas calientes, flechazo, relación comprometida, danzas transcendentes, invitados/as imaginarios/as, cámara, intercambio, libertinaje, poliamor, juguetes sexuales, películas porno, bolas de geisha, huevos de yoni...

¿Hasta dónde hay que decir? ¿Hasta dónde autorizarse a pasar al acto? ¿Qué hay que callar? ¿Basta con pensarlo? No hay fórmula mágica. Cada uno deberá trazar su vía erótica más alegre, puro descenso veloz por nieve en polvo, en conciencia de lo que eso nos enseña de nosotros/as mismos/as y de lo que deseamos para nuestras relaciones íntimas.

Esta carta excita la extensión de los posibles para que te mantengas curioso/a, inventivo/a y auténtico/a en tus opciones íntimas.

Hacer

Organizo una excursión erótica. Solo/a o con otro/a. Me voy a regalar un objeto, algo desconocido para jugar, divertirme y procurarme mucho placer.

Decir

¿En qué punto estoy hoy en día con la exclusividad? ¿De qué otro lugar siento apetencia? ¿Y hasta dónde?

Orgasmos

¿Quién soy cuando gozo? ¿Cómo dejo que me desborde lo que sucede dentro de mí cuando tengo un orgasmo? Y si pierdo el control, ¿quién lo va a tomar?

Lo que revela la carta

El acontecimiento orgásmico es como una obra de arte, lo reconocemos cuando lo vemos, sin esperárnoslo y siempre diferente de lo que conocemos; hay una infinidad de orgasmos. Su volatilidad hace que sea imposible de contener en una definición. ¿Cómo liberarse de lo que no es y dejarse sorprender para apreciar la experiencia en la presencia en uno/a mismo/a y en su esencia?

En la sexualidad, tenemos dos cuerpos: **el cuerpo que tengo**, el que corresponde al esquema corporal de todos los seres humanos, y **el cuerpo que soy**, el que carga con la historia de la persona, la memoria corporal con la que carga todo individuo. El cuerpo que tengo es común, el cuerpo que soy es individual. El orgasmo es una experiencia emocional en la que están comprometidos esos dos cuerpos.

Sexualidad y palabra están conectadas. El hecho de que el ser humano tiene la posibilidad de hablar es lo que le hace tener también orgasmos alucinantes. El orgasmo dice algo de nosotros. Cuando experimentamos un orgasmo, expresamos una sustancia que emana en parte de nuestro inconsciente.

La respiración y el sonido son canales privilegiados para acompañar la subida del orgasmo y multiplicar por diez la energía sexual que se irradia en el cuerpo.

La movilización del clítoris tarda más tiempo que la erección del pene. La activación del deseo femenino parte del cerebro límbico (o sea, de las emociones). La pluriorgasmia está instalada de modo natural en las mujeres, porque la sangre permanece presente en los cuerpos cavernosos del clítoris, de modo que es posible el orgasmo siguiente.

En la mujer, el orgasmo es una extensión del goce, mientras que en el hombre pone fin al goce. Las mujeres hablan de él como de un instante de realización, un umbral que se rebasa, como si todo convergiera hacia la eternidad. La interpretación rabínica de la génesis de la tentación de Eva por la serpiente aclara también esta enorme diferencia: Adán y Eva acababan de hacer el amor. Adán se durmió y Eva estaba... ¡inquieta y despierta!

Los trabajos de Laura Pynson sobre los @érotypes presentan variaciones de goces posibles:

- *Orgaste*: la explosión eléctrica genital;
- *Instase*: el abandono sensual del cuerpo y del corazón;
- Sub/top space: el estremecimiento profundo de los juegos fantasmáticos;
  - Sub space: estado de conciencia modificado de la persona que renuncia al control;
  - Top space: estado de conciencia modificado de la persona que da, domina, somete;
- Éxtasis: el trance transcendente de la unión sagrada;
- Sinfonía: la mezcla perfecta de todas las dimensiones;
- Epifanía: la visión significante que da sentido a la existencia.

Entre el orgasmo de cima por alcanzar y el orgasmo del valle con sus umbrales por recorrer caminando voluptuosamente, tenemos, pues, múltiples goces orgásmicos.

Esta carta procura extender la subida orgásmica, tomándose el tiempo de respirar y de hacer que suba la energía sexual desde el sexo hasta la garganta, pasando por el corazón, para emitir la vibración sonora que transciende.

Hacer

Me entrego al Sexo lento, pongo al día la exigencia de disfrute de descarga para experimentar plenamente una travesía emocional orgásmica.

Decir

Mi orgasmo más extático...
¿Qué orgasmos me gustaría tener?

Realizo mi acróstico ORGASMO y lo leo en voz alta.
Ejemplo:
O-rientación respecto al lugar en el que me encuentro.
R-ecuperar el contacto con ese espacio libre,
G-eneroso, apetitoso, ahí donde se entremezclan
A-lmas animales, otros tiempos, otras tribus.
S-ubir, elevarse junto al otro en esta danza en un lugar
M-aravilloso, ese lugar en el que me
O-frezco extendido/a en lo que está más cerca de mí mismo/a, extendidos el uno por el otro.

Al límite

A punto de saltar. Como el muelle de una navaja. Estoy en la línea de salida, en el punto de partida de una novedad, de lo misterioso. Estoy al límite, puedo sentirte de tanto como deseo sentirte. Y no sé cuándo, no sé cómo.

Lo que revela la carta

Grito del cuerpo vital, no dominado, necesario, «al límite» marca un estado de deseo latente, una promesa, una posibilidad que arrastra, que consume. Esta colosal energía deseante que viene a retorcer el cuerpo se expresa en la carencia, en el deseo de un abrazo estrecho, de una piel, y las ganas irreprimibles del cuerpo del otro. Ese/a otro/a está claramente identificado. El encuentro que nos pone al límite es personal de cada uno, no es una casualidad, es una cita que nos interpela y viene a abrir un espacio inesperado dentro de nosotros.

Esta energía se instala en una sala de espera en la que se dibujan la promesa y la oportunidad. El imaginario está en ebullición, porque la pulsión no está satisfecha y continúa pulsando con fuerza. Queremos respuestas sin tenerlas. Dado que la situación no da la posibilidad de tomar una decisión, acuden solos los fantasmas a eso expresado sin expresar. «Estar al límite» es reconocer que algo se encuentra impedido, retenido. La pérdida de control frente a esta energía deseante enseña a plantearse posibles, a dialogar con nuestra animalidad sobre la profundidad del deseo, la atracción que tenemos hacia el otro, las posibilidades de autorización, la alquimia presentida.

Al no poder ser realizado de inmediato, ese estado «al límite», la libido en pleno hervor, reclama una sublimación; si no, corre el riesgo de exponernos a la frustración y a una agresividad demasiado grande. Esta energía aguza nuestros sentidos, la adrenalina nos protege.

Confiar en esta fuerza constructiva permite entrar en una danza atómica en la que soltamos el control. En las primicias de la etapa de «después», en esa espera sublimada, «al límite» nos invita a no resistirnos a la creatividad y a la alegría que nos irrigan. Qué importa la resolución, en este espacio todo es posible, siempre y cuando esté contenido.

En esta paradoja entre soltar y potencia incontrolable es donde sentimos nuestras necesidades, pulsiones, deseos, apetencias. Tanto las mujeres como los hombres. Reivindicar el sentirse al límite como una puesta en tela de juicio de siglos de sometimiento de la sexualidad femenina a las necesidades de los hombres: las mujeres también tienen deseos que satisfacer y apetencias que poner por obra, sensibilidades paroxísticas que expresar.

Esta carta te invita a no vacilar en ningún caso en compartir este estado cuando te recorra, como una contaminación sana de tus fuerzas de vida, buena para el mundo.

Hacer

Asiento los pies en el suelo, me anclo desde la pelvis, doblo las rodillas ligeramente, levanto los brazos, visualizo mi bola de espejos, mi caldero hirviente de deseo. Me impregno de esa fuerza de vida que fluye y circula dentro de mí.

Decir

Estoy al límite. Estoy AL LÍMITE. ¡Estoy AL LÍMITEEEEEEEEE! (decirlo tres veces, cada vez más fuerte, como un grito del cuerpo). ¿Qué hago con este espacio en el que deseo y carezco del otro?

Sensualidad

Encuentro mi esencia a través de mis sentidos. El Sol me lame la piel, como tu lengua que cartografía mi cuerpo. El viento se encuentra con mis labios, como tu aliento murmura en mi boca. La Tierra tiembla debajo de mi pecho, como tus manos que viajan por mí. Vientres y miradas en aguas, enloquecedores y deliciosos olores mezclados, extiendo el tiempo para sentirte al borde antes de tomarte... dentro de mí.

Lo que revela la carta

La alquimia de la atracción, esos cuerpos que se imantan, se encuentran, se extienden sin conocerse, sigue siendo un misterio. ¿Por qué somos compatibles o no, y en qué variaciones? Magia de los cuerpos físicos, etéricos, energéticos, transgeneracionales, emocionales, espirituales que saben, porque el placer no engaña. La sensualidad convoca el placer de los sentidos y una sensibilidad a los ritmos interpersonales. Puede encontrarse en la manera de andar, de mirar, de pasarse la mano por el pelo, de tender la mano, un movimiento de pestañas, de lengua, una entonación, un fraseo...

El expresar e inspirar la propia sensualidad pasa por el despertar de todos los sentidos:

El tacto lo estimulan el grano de la piel, el contacto de las telas, los masajes, las caricias y los besos. Cuando nos besamos, lo sabemos.

El oído está ahí con la música, el sonido de las voces, el silencio, los ruidos de la Naturaleza, un chapoteo...

El olor se revela con nuestros platos preferidos, los que descubrimos, una crema en el cuerpo, la textura del cabello, el perfume de una cadera, el efluvio dejado y que sigue llevándonos tras él, el humo del incienso...

La vista es estimulada por las primicias de un pecho, el cuello de la camisa que deja adivinar un hombro, los ojos que se sumergen a uno/a en otro/a, el éxtasis ante la belleza de un paisaje, una obra de arte, una luz tamizada...

El gusto es el de una lengua, el de las magdalenas de Proust, el de una fruta que degustamos en los recovecos del cuerpo del otro...

No hay límites para el descubrimiento y la creatividad sensual, es una expedición hacia lo bueno y lo bello en nosotros, que se inicia desde la primerísima infancia con las primerísimas sensaciones y exploraciones (piel con piel, tacto, porteo, lactancia, separación, aprendizaje de la limpieza, descubrimiento de los géneros, juegos sexuales...).

Expandir la propia sexualidad permite saborear la esencia de la vida a través de los sentidos, irradiar desde nuestra interioridad y hacer vibrar la propia sexualidad en nuestro cuerpo y nuestra alma. La sensualidad es inicialmente una relación con uno mismo, con nuestras emociones, con nuestras intuiciones y con nuestro centro de fuerza de vida (la Kundalini). La vía de la sexualidad femenina nos guía hacia la vía de una sexualidad espiritual.

Extender nuestro espacio sensual exige atención atenta, lentitud y dulzura, para mimarnos. La danza, la música y la meditación deben practicarse sin moderación para desplegar nuestra sensualidad con todos nuestros sentidos.

Esta carta te recuerda que vives para esos momentos que están fuera del tiempo, para deleitarte con besos prohibidos, con caricias que se liberan de las coerciones cotidianas, y con la pasión que empuja los límites de lo razonable dentro de un arte de existir.

Véanse también las cartas **Mil primeros días** y **Danza**.

Hacer

Elijo un sentido al que voy a prestar atención, aquí, ahora. Lo rozo. Acaricio el hueco de mi brazo con la punta de mis dedos. Elaboro minuciosamente una lista de catorce piezas sensuales. Con ellas hago lo que quiero: me invito a danzar, ondulo con mi pareja, improviso un *strip-tease*, hago la comida cantando y bailando. Libre.

Decir

Ponme poesía en el cuerpo. ¿Qué vibraciones sensuales me transportan? ¿Qué es lo que encuentro más sensual en mí? ¿Y en el otro?

ESPIRITUALIDAD

Yin Yang

Mi Sol tiene cita con mi Luna. Soy plural, no soy negro o blanco. Estoy hecho/a de paradojas, navego entre polos opuestos. Llevo el mundo en mí, en un movimiento permanente, bailo todo el Universo.

Lo que revela la carta

El simbolismo yin-yang viene de China y de la corriente taoísta. La asociación de estas dos fuerzas contrarias atraviesa el flujo permanente de la vida cósmica. El yin (parte negra) representa la sombra, el yang (parte blanca), la luz. Son indisociables, como todos los opuestos que constituyen nuestro *QI*, nuestra energía vital, nuestro movimiento perpetuo entre lo visible y lo invisible, entre nuestros más ínfimos átomos y las estrellas del Universo. El trabajo de equilibrio entre nuestros polos opuestos es igual de importante para una buena circulación de la energía por nuestro cuerpo que para la armonía dela Naturaleza. Cada uno/a hace su parte.

Pequeño todo y grande todo, punto en el infinito e inmensidad en lo ínfimo, lunar y solar, femenino y masculino, el yin-yang es una manera esférica de considerarse a sí mismo/a en interacción con el mundo. A la inversa de una visión maniquea, al aprehendernos a través del yin-yang, salimos de la binaridad y de la polaridad de los opuestos, en camino de integración y de individuación.

Nuestra cultura occidental espera aún de las mujeres que sean dulces, sensibles, frágiles y delicadas. Siguen siendo sospechosas cuando son recias, hablan alto y con fuerza, toman la delantera, dirigen las operaciones. ¿Cuántas veces habrán oído que se estaban comportando «como un hombre»? Mujeres, hombres, somos todo eso, somos el yin y el yang.

«Hacer yin-yang» significa «hacer el amor». Hacer el amor consigo, con el otro, con el mundo. En resonancia entre las partes de yin y de yang que juegan y están en juego en la relación íntima y en nuestras interacciones.

Esta carta es una invitación a que cultives tu jardín interior, a que lo cuides, a que lo desbroces y a que participes de la sinfonía de lo vivo. Y más particularmente, a que observes en la relación sexual la manera en la que te autorizas a estar en el movimiento inestable de tus desequilibrios. A zarandear la inercia. En el movimiento de la vida.

Hacer

Cuando polarizo sobre el comportamiento de mi compañero/a, cambio de postura. Oigo mis escalas. Me flexibilizo, me refuerzo. Escojo una situación precisa en la que el otro me molesta, me irrita en el punto más alto. Califico lo que me disgusta y recupero el 100 % de mi parte en mi extremo de la relación.

Decir

Soy una esfera constituida por sus radios de contrarios. El medio de todos esos radios se sitúa en mi fuente: mi clítoris, que es también una esfera. ¿Cuál es el eje yin-yang de contrarios en mí que encuentro extremo y que necesito integrar mejor en mi vida íntima?

Danza

Bailo todos los días. La energía de vida circula. Suelto y me suelto. Pongo en movimiento mis memorias, siento las vibraciones y dejo que el deseo me transporte.

Lo que revela la carta

En movimiento, nos reconectamos con nuestro cuerpo, con nuestras sensaciones, tensiones y emociones. Manteniéndonos presentes, centrados/as, en conciencia, aceptamos lo que es, lo que está aquí y ahora, y nos autorizamos a soltar el mental, a liberar las emociones sepultadas «en cuerpo», y ello a nuestro ritmo.

El sexo y la música tienen un punto común: el ritmo. Un ritmo que puede llevarnos a alcanzar un estado de conciencia modificado. El solo ritmo ya ejerce influencia en el ritmo de nuestro cerebro. Se nos invita a escuchar el ritmo de nuestra respiración, el ritmo de nuestros cuerpos que se acercan, el ritmo de nuestros corazones en una danza que nos transporta.

El sonido nos abre los ojos hacia nosotros, hacia el mundo. La precisión de los diapasones permite desanudar bloqueos energéticos, rearmonizarse encontrando nuevos equilibrios.

El movimiento nos conecta con la vida. Cuando bailamos, nos rearmonizamos interiormente y en nuestra relación con el mundo. Nuestras almas se convidan solas a bailar el amor. Nuestras células están constituidas en un 99 % de informaciones: energías, vibraciones, que tejemos unos/as con otros/as en dimensiones plurales. Ponemos nuestros cuerpos en movimiento para ponerlos en juego, para liberar esas informaciones.

Cuando bailamos, estamos en contacto con lo que hay en nosotros de animal y de sagrado. Solo/a o juntos, la danza despierta vibratoriamente nuestras pelvis, nuestros sexos, nuestros clítoris. Engarzamos la belleza simple en resonancia con el gran todo. La pista de baile está ahí, nos espera para despertar nuestra parte de niño/a libre, alegre, para que nos encontremos unos con otros en nuestra espontaneidad, nuestra sensualidad, en la variedad de nuestras modulaciones.

Esta carta te invita a bailar todos los días, como te salga, para hacerte bien. Y después, a invitar a otros a bailar la vida. En este sentido, el *Clitoráculo* milita para rehabilitar el baile lento, para saborear en la lentitud el encuentro con la expansión rítmica del *swing*.

Hacer

Elijo una música transcendente y bailo desde mi clítoris. Le dejo que guíe él mi danza. Reaviva su energía de vida y su llama de la vida y del deseo, se despierta y vibra la alegría.

Decir

¿Cuál es el baile sensual que me viene a la mente, ahora? ¿Al son de qué pieza me apetece bailar contigo ahora?

Tantra

Mi cuerpo es un espacio sagrado. Construyo mi casa para asentarme y tener la posibilidad de encontrarme con el otro. La subida de la Kundalini abre mi cuerpo y mi conciencia. Encuentro de nuevo mi naturaleza profunda: el *infans*, ese espacio en el que reinan la alegría, el juego y el júbilo. Los corazones se alquimizan.

Lo que revela la carta

El tantra es un sistema de pensamiento ancestral procedente de la religión hinduista, que apunta a la apertura espiritual mediante la energía sexual. El tantra significa 'malla': mediante una experimentación fundamentalmente corporal y energética, tomamos conciencia de nuestros elementos cuerpo, mente y emociones, conectados con el Universo. El cuerpo está en el centro, como el vehículo sagrado por el cual circula la energía de vida, conectando la Tierra con el Cielo. Esta disciplina permite una transformación del ser mediante el cuerpo y los seis sentidos (vista, tacto, olfato, gusto, oído, intuición), para desarrollar ese sentimiento de unidad en sí con el entorno exterior.

El tantra procura activar y facilitar la circulación de la Kundalini, término sánscrito que significa enroscada» y designa la energía vital y creativa que reside en cada uno/a de nosotros, y cuya sede se sitúa en la parte baja de la columna vertebral.

Es la energía cósmica (divina) agazapada en el seno del microcosmos humano, el crisol de los poderes latentes del ser, el flujo creador, la potencia de vida.

A través del cuerpo, el tantra vuelve a poner conciencia en aquello que parece ordinario. El enfoque tántrico es energético: mediante meditaciones, yoga, respiraciones, movimientos del tantra, masajes lentos, estructuras (ejercicios que se hacen con alguien), procuramos armonizar las frecuencias entre nuestros chakras y hacer circular la Kundalini de la manera más fluida, mientras honramos a algo más grande que nosotros. La subida de la Kundalini se hace de abajo hacia arriba todo a lo largo de los chakras y conduce al despertar.

Este flujo pasa, así, por siete chakras principales:

- el chakra raíz (a la altura del perineo), estoy protegido/a, en seguridad;
- el chakra sagrado (vientre), mi vida está llena de creatividad y de placer;
- el plexo solar: abrazo mi poder, brillo con confianza;
- el corazón: me amo incondicionalmente y merezco el amor;
- la garganta: comunico mi verdad fácilmente y hablo con calma y claridad;
- el tercer ojo: autorizo a mi intuición a guiarme y confío en mi sabiduría interior;
- el chakra corona: estoy conectado con el Universo y honro lo Divino en mí.

La sexualidad ordinaria está centrada en los órganos genitales y dominada por el yang (energía de lo masculino), mientras que el yin es receptor, continente, nutricio. El tantra profesa culto a la energía de lo femenino, que sublima la energía sexual y permite la unión del masculino (shiva) emisor y del femenino (shakti) receptor, en cada uno/a de nosotros/as, mujeres y hombres. Del corazón al sexo y del sexo al corazón.

La energía procede mucho de la conexión con el corazón cuando estamos enamorados/as, y el deseo siempre es alimentado por el corazón, por las vibraciones sensoriales en todo el cuerpo y no solamente en la zona sexual. En la subida orgásmica, se alcanza una eclosión espiritual que va hacia el sí, partiendo desde nuestro centro sexual hacia el corazón y conectándonos con el otro desde su centro hacia el corazón.

Hacer

Para estar conectado/a con todos los sentidos en el cuerpo y las emociones, doy y recibo un masaje tántrico: un masaje sobre todo el cuerpo salvo las zonas sexuales, un masaje presente, lento, sensual, dulce para ir al encuentro de lo femenino de la mujer y del hombre. Permito al femenino que suba en su potencia y al masculino que acoja esta energía.

Decir

Completo las frases siguientes:

- Experimento...
- Ralentizo...
- Energetizo...
- Honro...
- Reencuentro...

Amor incondicional

Estoy aquí, en la relación contigo, porque te amo, no para obtener algo de ti. Te amo «incluso si», no «si». Mi centro de amor se extiende, bien anclado en la Tierra, y mi bola de espejos conectada con mi corazón baila de gozo.

Lo que revela la carta

El amor, ese enigma, ese misterio, esas experiencias únicas de las que no siempre es fácil hablar. El amor, ese camino hacia lo Divino que requiere paciencia, calma y exigencia para pasar de la necesidad al deseo, de la carencia a la completitud, de la sed a la fuente, de la petición al don, de la consumación a la comunión. Todo lo que vivimos es una ocasión de amar. Amar con toda nuestra alma, con todo nuestro corazón, con todas nuestras fuerzas (cuerpo).

En una relación entre dos personas, hay un tercero: la relación. Él/ella, yo y nosotros. La manera en la que hablamos del otro, cómo pensamos en él, alimenta la confianza en el vínculo que representa ese tercero, ese inconsciente común. En este tercero, hay un estado de silencio, un lugar en el que está el estado de amor *versus* el estado de tener. El inconsciente nos enseña a dejarnos ir, a soltar el control, a asumir el riesgo del otro. Caminando juntos, con el corazón indicando la dirección del movimiento.

Nuestras expectativas están en el origen de nuestros dolores. ¿Tal vez si aceptáramos que nuestro camino sea la evolución de nuestra conciencia hacia el amor, tendríamos menos sufrimientos que atravesar?

Ser justos con nosotros mismos en cada instante: ¿es esto bueno para mí? ¿Es justo para mí? ¿Me llena de gozo?

En la oquedad de nuestro centro de amor, con audacia, poesía, una pizca de locura, nuestro clítoris crepita de alegría, como una bola de espejos que brilla e ilumina un caleidoscopio de variedades de colores.

El camino espiritual del ser se edifica sobre eso infinitamente grande que el amor nos hace tocar, un continente de amor. Esta potencia de amor nos permite contactar con la fuente de nosotros mismos y dejarnos atravesar por la magia de lo vivo.

Esta carta te guía hacia el chakra de tu corazón para alquimizarlo y difundir amor en ti, hasta el interior de tu perineo, y que se propague desde el corazón, por todo el cuerpo, esa energía de amor.

Hacer

Me dejo impregnar de esta palabra, amor, y de su resonancia. El amor irradia en mi clítoris, en todas mis células, y la energía refulge en mí y a mi alrededor. Saboreo toda su potencia.

Creo un ritual de amor en el día a día para estar en resonancia con el amor incondicional.

Decir

¿De qué busco protegerme cuando le pongo condiciones al amor? ¿Qué efecto tienen sobre mí las palabras «el amor en el corazón, el amor incondicional»?

Éxtasis

En éxtasis, todos mis sentidos, todas mis células participan en la sinfonía de lo vivo. Floto, irradio, existo, vibro, tejo. Desde mi centro hasta el interior de mi corazón, me abandono un instante a la belleza del infinito, mi alma al desnudo. La vida se expande en mí. Es el hálito de mi morada y de la nuestra.

Lo que revela la carta

El éxtasis puede vivirse como una experiencia corporal, emocional y espiritual. Quedamos tocados por la gracia del éxtasis ante una puesta de o una obra de arte, por una música, una voz, una atención, durante o después de un orgasmo... El éxtasis abre el tiempo de par en par, lo suspende y nos conecta con la fuente, con el amor, con lo infinitamente grande de lo vivo. Nuestras células son convocadas por lo sagrado y lo humano se convierte en el terreno de lo Divino.

Tanto si nos sorprende como si nos hacemos disponibles para acogerlo, el éxtasis nos ofrece, cuando nos encontramos con él, un regalo inestimable. En ese lugar en el que tocamos las estrellas, mientras sentimos los flujos de la creación irrigar nuestro cuerpo, ya no hay nada que comprender, no queda esperar nada más que amar a través de uno mismo. El éxtasis trastoca nuestra relación con el tiempo, la loca carrera del siempre más queda como suspensa en vuelo, para abrir una línea de tiempo que nos conecta con algo más hermoso que nosotros.

Se habla del «efecto de vista general» experimentado por los/las astronautas cuando ven la Tierra entera desde el Universo. Todos/as han quedado conmocionados/as por esa sensación extática de pertenecer a la inmensidad, ese gran todo que nos conecta, que nos une, desde la más ínfima partícula de cada uno.

En la unión sagrada de lo femenino y lo masculino, el éxtasis está en la quintaesencia de amor que viene a nutrir el corazón con energía de vida, desde el sexo hacia el corazón en el hombre, y desde el corazón hacia el sexo para la mujer. En la sexualidad extática, los corazones y los sexos se regocijan juntos en una sexualidad más meditativa, el éxtasis pasa por la unión de Amor. Lo femenino y lo masculino se completan, se enriquecen, se expanden en una dimensión sublimada.

Esta carta te convida a aceptar tu dimensión etérica, a visualizar tus células como nenúfares que se abren y desarrollan su sensibilidad, tu conciencia en despertar.

Véanse igualmente las cartas **Tantra** y **Femenino-Masculino**.

Hacer

No hacer. No hacer nada más que dejar que el éxtasis se abra en mí, en ti y en todo. No buscar extasiarse de todo y de nada. Elegir un momento, un lugar para ralentizar, extenderse a lo que acontece. Observar.

Decir

¿Qué momento de éxtasis me ha marcado durante este año? ¿Qué me apetece celebrar de ese éxtasis? ¿Con qué me ha permitido contactar? ¿Qué ha transformado en mí?

Clítoris sagrado

Mi clítoris late al ritmo de mi corazón. Con él me anclo en el núcleo de la Tierra, me levanto y me elevo en mi soberanía hasta las estrellas. Es mi brújula de sensibilidad y de fuerza.

Lo que revela la carta

La etimología de la palabra *clítoris* viene del griego antiguo *kleitoris*, que significa «lo que sirve para cerrar», «cerrojo», «llave». La llave que permite o impide el acceso a la puerta del espacio sagrado, de nuestro templo de memorias, un lugar de nacimiento, es decir, de vida... Hay que domesticar esta llave en sus mínimos contornos. Ella siente lo que nos hace bien, nos libera de nuestras tensiones: una pasarela misteriosa hacia nuestro placer y el centro de nuestra energía de vida.

El término «yoni» procede del sánscrito y hace referencia a nuestra esfera genital, a su delicadeza, a su potencia y a su carácter sagrado. Es nuestro origen, el canal por el que vinimos al mundo y una zona de una extrema sensibilidad en la que mantenemos viva desde lo más íntimo nuestra conexión con nuestro femenino y la transmisión de nuestro linaje de mujeres. Es un espacio de recogimiento con nosotros mismos/as.

Desde este punto de encuentro, estamos en conexión energética con los otros clítoris, ¡los de las mujeres y los de los hombres clitoridianos! Al despertarse a lo sagrado de la sexualidad, las almas se encuentran, atravesamos otras tribus, otros tiempos: las fronteras se desbaratan y «las pieles aman». La energía sexual circula entre nuestras polaridades yin y yang y se fusiona en nuestros corazones. Desde la vibración de nuestro espacio sagrado, estamos conectados/as con la potencia de las mujeres y con la sensibilidad de los hombres. Infundimos y difundimos lazos invisibles que nos elevan, en paz con nuestros cuerpos, con nuestra historia, con nuestros deseos, en la paz de los sexos.

Se opera un cambio de paradigma de la sexualidad: reconocer que nuestro cuerpo, en lo más sensorial que tiene –el clítoris–, es también nuestra brújula sensual y nuestra guía espiritual hacia el placer.

Esta carta honra tu magnífico clítoris y te invita a meditar y a escuchar desde él tu música interior y la del mundo exterior.

Véanse igualmente las cartas **Yin Yang** y **Amor incondicional.**

Hacer

Ritualizo un lugar, un tiempo para mí, para recogerme desde lo más íntimo y sagrado que tengo.

Decir

Meditación del clítoris,
por Caroline Facy y Élisabeth Philibert

Mi clítoris es el centro de mi intimidad.
Es la alhaja más poderosa de mi placer, puedo sentir toda su amplitud.
Tomo conciencia de su poder. Es mi brújula de sensibilidad y de fuerza.
Mi clítoris es la pasarela misteriosa hacia mi placer y el centro de mi energía sexual, es el puente entre mi masculino y mi femenino.

En mi masculino, la energía me lleva hacia el exterior.
Le envío todo mi hálito de respiración, el soplo de vida.
Tomo conciencia de mi perineo, que puedo visualizar como una hamaca.
Me conecto en este plano con la energía del chakra raíz.
Inspiro y espiro en el pedestal de mi seguridad interior.
Inspiro, contraigo, espiro, suelto.
Inspiro, reúno mis fuerzas guerreras, espiro, libero mi agresividad.

Inspiro, movilizo mi autoridad, espiro, suelto el control.
Inspiro, acojo mis deseos, espiro, aguzo mis pulsiones.

En mi femenino, irradio energía desde mi interior.
Inspiro la intuición, espiro la audacia.
Inspiro la creatividad, espiro la acción.
Inspiro la empatía, espiro la decisión.
Inspiro mi eje horizontal, espiro el eje vertical.

Mi clítoris emite una frecuencia y lanza una llamada a los demás clítoris.

Inspiro mi frecuencia de clítoris, espiro la llamada a los demás clítoris.

Desde él, inspiro, mi columna de aire se arraiga en él, me inspiro. Espiro lo que él insufla al mundo, lo que él propone compartir, lo que él vuelve a poner en la tierra.

Escucho a mi clítoris y me conecto con la vibración de los demás clítoris. Desde su vibración, me conecto a la potencia de las mujeres y a la sensibilidad de los hombres. Exploro en toda su fineza y su amplitud mi equilibrio femenino-masculino y todas mis variaciones de género que se expresan en la relación.

Filosofía

Vengo de las estrellas para recargarme totalmente de amor. Busco ser feliz, no tener razón. A través de todas las células de mi cuerpo, pongo en el mundo mi melodía. Vibra en mí, irradia más allá de mí, con el corazón abierto, sensual y espiritual, conectada con la sinfonía de la pulpa de la Tierra y del Cielo estrellado.

Lo que revela la carta

Filosofía viene del griego *philos*, «que ama», y *sophos*, «sabiduría», «conocimiento». La filosofía busca comprender el mundo que nos rodea razonando sobre la esencia existencial, la metafísica, en un arte del planteamiento de preguntas que debería conducir a la felicidad.

Limitar la sexualidad en el hervir de la libido, que podría echar el ojo en –casi– cualquiera, vendría a ser como pasar de largo por lo que todos/as tenemos de magnífico en nosotros/as. La fuerza del símbolo invadido por nuestro psiquismo hace inmensas nuestras capacidades placenteras. Nuestro pensamiento no basta para percibir la felicidad, el cuerpo es el lugar de la reagrupación, de la memoria, del encuentro.

En su ensayo *Le plaisir effacé*,[1] Catherine Malabou dice del clítoris «que abre un espacio de no-dominación, no se pliega al modelo de la erección y la detumescencia. El clítoris interrumpe la lógica de la orden y la obediencia. No dirige. Eso es lo que molesta de él. Porque se aparta de toda relación de poder, el clítoris es un anarquista». Reconocer, por fin, a esta querida bola de espejos, es acceder a la 5 D de nuestras sexualidades, desde nuestros dos centros de gravedad diferenciados: pene Y clítoris. Se les reprocha a los hombres que piensan con su miembro. Actualmente, también vamos a pensar, sanar y «expandirnos» desde nuestros clítoris, restablecer un equilibrio poniendo en él lo bueno y lo bello. Y dejar que se haga la infusión.

La sexualidad es el lugar en el que los sentidos convocan a la esencia, un espacio de reunión y de comunión de las carnes, de las energías, de los inconscientes y de lo divino. Es un terreno en el que el cuerpo y la carne se llenan de excitación, de sanación y de meditación. De la sensualidad espiritual y de la espiritualidad sensual. El clítoris es el órgano que cultiva las ganas de tener ganas. Es nuestro resiliente aliado del eros, que es la manera filosófica de hacer que baje nuestra alma a nuestro corazón pasando por todo el cuerpo.

La energía, el alma, necesita a nuestro cuerpo para expresarse. La cabeza es necesaria para creer y decidir. Si comprendemos que hemos nacido para amar y hacer el amor –de muchas maneras–, estamos listos para comprometernos, para creer en ese amor incondicional, para poner conciencia sensual y espiritual en aquello que decidimos vivir y para conectarnos con el otro con tacto y elegancia.

De pie encima de nuestros elefantes, sabias, esbeltas como panteras, con la determinación del gorila viejo en la raíz, podemos danzar nuestros deseos como artistas del eros y del amor.

Véanse igualmente las cartas **Clítoris sagrado** y **Danza**.

Hacer

¿Qué gesto banal de lo cotidiano voy a impregnar de sacralidad y de sensualidad? Considero una situación o una relación en la que todavía estoy buscando tener razón. Paro, interrumpo ese guion. Mi belleza y mi inteligencia se merecen algo mejor.

Decir

¿Qué es lo que me trastoca el alma en la sensualidad? ¿A qué necesidad esencial busca responder mi vida íntima?

---

1. *Le plaisir effacé*, Ediciones Payot, 2020.

AGRADECIMIENTOS

Rodeada y animada por mi tribu del corazón, al hilo de los encuentros, de las lecturas, músicas, danzas, confidencias, conflictos, debates, mimos y relaciones amorosas, me he autorizado a depositar mi clítoris en el papel, a escuchar desde él, a dejarle que me guiara. Al parir este *Clitoráculo*, toda aguas, mi bola de espejos danza de alegría, conectada a cada uno/a de vosotros. Feliz y conmovida por Nosotros.

Gracias a María, por el placer de crear juntas este oráculo del clítoris, tejer nuestras tribulaciones y hacerlas espejear, por tu inmenso talento y tu piel de pelirroja auténtica. Pensamiento emocionado para mi hermosa y zen Sophie, tu madre y amiga mía, que nos ha confiado la una a la otra.

Gracias a Aline, Alexandra, Anaïs y Nikyta, nuestras editoras y grafistas, por su confianza y su audacia, por sostenernos en esta expedición clitoridiana.

A mis padres, hermanos varones y estupendas cuñadas, a mis sobrinas y sobrinos, al grupo de los primos/as, a mi madrina, a mi padrino, a Thone-les-Près, al valle de Aosta, a los linajes Marchal Facy: por la apertura, los animados debates, el apetito por la vida, las cartas y la pista de baile, por el tránsito de relevos de amor.

A mis queridísimas *coclitos* del Génesis: Caro Djette, tú mezclas y nosotras bailamos, tú cuidas con tu «sonido en movimientos». Babette, «bajo tu edredón», tú nos meditas, gracias a ti por el tantra, la sexología, el camino de la fuente. BillonC, filósofo de la sexualidad, al unirte a nuestro trío nos regalas el cuarto punto cardinal de la brújula.

A mis hermanas brujas, madres maravillosas, resilientes, almas animales, magos/as, hadas, caras de niña, amistades transgeneracionales, seres reconocidos, intuitores sin fronteras, beguinas, saltimbanquis, estrellas, pacientes: Nath y la magia de Tameslothe, Mimie, Clem, Virginie, Karine, Angélique, Nathalie TB, Carlo L, Valérie, Isa, Patty, Aurélie, Martine, Hélène,

Marie, Nina, Marie-Pierre, Aurélia, Catherine, Caline, Bénédicte, Alexandrine, Solenn, Nathalie D., Emmanuel, Carlu, Bruno, Jean Phi, Yvon, Patrick, Philippe, Guillaume, Hervé, Romain y los podcastistas Adrien, Laurent y François.

A mis queridos/as vecinos/as que han acompañado el proceso y a todos nuestros pollitos, porque en nuestro caminar anclamos en lo cotidiano una vida de pueblo, otra manera de amar.

A Sylvia S, por el viaje de análisis, la conquista de libertad interior, la travesía de las sombras hacia el logro de tocar lo sagrado y a Alain H por lo sagrado del tacto y la familia Índigo.

A MDD, por la presencia atenta, la extensión de las caricias, la loca untuosidad del deseo, el misterio de la alquimia, los espacios-tiempos que abrimos, vivos/as y vibrantes.

A Émile, Hortense, monito y Diane, mis chiquitines, por soñar con fuerza este horizonte risueño, llevar pantalones cortos y faldas como queramos, bailar la vida. Confianza y Amor.

Caroline Facy

Inmensas gracias a Caroline por haber confiado en mí y por haberme permitido entrar en su universo. ¡Qué loca aventura la de haber podido trabajar juntas sobre todos estos temas inverosímiles, conmovedores y apasionantes! Gracias a las mujeres de mi vida, mamá y amigas, que me han apoyado e inspirado en la creación de este oráculo; así como a mis abuelas, que me han transmitido el gusto por el dibujo y la poesía. Gracias enormes, asimismo, al equipo de First Éditions por su desinteresado acompañamiento a lo largo de este hermoso proyecto.

Marie Félix